Indisk matlagning 2023

En kulinarisk resa till smakerna av Indien

Magnus Wallin

Innehåll

Kele ki Bhaji 17
    Ingredienser 17
    metod 18
Kokosnöt Kathal 19
    Ingredienser 19
    Till smaksättningen: 19
    metod 20
Kryddiga skivor av yam 21
    Ingredienser 21
    metod 22
Yam Masala 23
    Ingredienser 23
    metod 23
Betor masala 25
    Ingredienser 25
    metod 26
Masala böngroddar 27
    Ingredienser 27
    metod 28
Mirch Masala 29
    Ingredienser 29
    metod 30
Tomat Kadhi 31

Ingredienser 31
metod 32
Grönsak kolhapuri 33
Ingredienser 33
metod 34
Undhiyu 35
Ingredienser 35
För muttys: 36
metod 36
Banan Kofta Curry 37
Ingredienser 37
Till curryn: 37
metod 38
Bitter kalebass med lök 39
Ingredienser 39
metod 40
Sukha Khatta Chana 41
Ingredienser 41
metod 42
Bharwan Karela 43
Ingredienser 43
För fyllningen: 43
metod 44
Kål Kofta Curry 45
Ingredienser 45
Till såsen: 45
metod 46

Ananas Goju 47
    Ingredienser 47
    För kryddblandningen: 47
    metod 48
Gojju bitter kalebass 49
    Ingredienser 49
    metod 50
Baingan Mirchi ka Salan 51
    Ingredienser 51
    metod 52
Kyckling med grönt 53
    Ingredienser 53
    metod 53
    Till marinaden: 54
Kyckling Tikka Masala 55
    Ingredienser 55
    metod 56
Kryddig fylld kyckling i en rik sås 57
    Ingredienser 57
    metod 58
Spicy Chicken Masala 59
    Ingredienser 59
    metod 60
kashmiri kyckling 61
    Ingredienser 61
    metod 62
Rom och kyckling 63

Ingredienser 63
metod 64
Kyckling Shahjahani 65
Ingredienser 65
metod 66
Påsk kyckling 67
Ingredienser 67
metod 68
Kryddig anka med potatis 69
Ingredienser 69
metod 70
Moile ankan 71
Ingredienser 71
metod 72
Bharwa Murgh Kaju 73
Ingredienser 73
metod 74
Kyckling masala med yoghurt 76
Ingredienser 76
metod 77
Kyckling Dhansak 79
Ingredienser 79
metod 80
Chatpata kyckling 82
Ingredienser 82
Till marinaden: 83
metod 83

Masala anka i kokosmjölk 84
    Ingredienser 84
    För kryddblandningen: 84
    metod 85
Kyckling Dil Bahar 86
    Ingredienser 86
    metod 87
Dum ka Murgh 89
    Ingredienser 89
    metod 90
Murgh Kheema Masala 91
    Ingredienser 91
    metod 92
Nawabi fylld kyckling 93
    Ingredienser 93
    För fyllningen: 93
    metod 94
Murgh ke Nazare 95
    Ingredienser 95
    Till såsen: 96
    metod 97
Murgh Pasanda 98
    Ingredienser 98
    metod 99
Murgh Masala 100
    Ingredienser 100
    För kryddblandningen: 100

metod 101
Bohri kycklingkräm 102
   Ingredienser 102
   metod 103
Jhatpat Murgh 104
   Ingredienser 104
   metod 104
Grön kyckling curry 105
   Ingredienser 105
   metod 106
Murgh Bharta 107
   Ingredienser 107
   metod 107
Kyckling med Ajowan frön 108
   Ingredienser 108
   metod 109
Spenat Chicken Tikka 110
   Ingredienser 110
   Till marinaden: 110
   metod 110
Yakhni kyckling 111
   Ingredienser 111
   metod 112
Chili kyckling 113
   Ingredienser 113
   metod 113
Kyckling med paprika 114

Ingredienser 114

metod 114

Kyckling med fikon 116

Ingredienser 116

metod 116

Kryddigt lamm i yoghurt och saffran 117

Ingredienser 117

metod 117

Lamm med grönsaker 119

Ingredienser 119

metod 120

Biff curry med potatis 121

Ingredienser 121

metod 122

Kryddig lammmasala 123

Ingredienser 123

metod 124

Rogan Josh 125

Ingredienser 125

metod 126

Grillade revbensspjäll 127

Ingredienser 127

metod 127

Nötkött med kokosmjölk 128

Serverar 4 128

Ingredienser 128

metod 129

Fläskkebab ... 130
   Ingredienser ... 130
   metod ... 130
Biff Chili Fry ... 131
   Ingredienser ... 131
   metod ... 132
Skotsk nötkött ägg ... 133
   Ingredienser ... 133
   metod ... 133
Torrt nötkött Malabar-stil ... 134
   Ingredienser ... 134
   För kryddblandningen: ... 134
   metod ... 135
Moghlai lammkotletter ... 136
   Ingredienser ... 136
   metod ... 136
Nötkött med okra ... 137
   Ingredienser ... 137
   metod ... 138
Beef baffad ... 139
   Ingredienser ... 139
   metod ... 140
Badami Gosht ... 141
   Ingredienser ... 141
   metod ... 142
Indisk rostbiff ... 143
   Ingredienser ... 143

metod 144
Khatta Pudina kotletter 145
   Ingredienser 145
   metod 146
Indisk biff 147
   Ingredienser 147
   metod 147
Lamm i grön sås 148
   Ingredienser 148
   metod 149
Enkel lammfärs 150
   Ingredienser 150
   metod 150
Fläsk sorpotel 151
   Ingredienser 151
   metod 152
Inlagt lamm 153
   Ingredienser 153
   metod 153
Haleem 154
   Ingredienser 154
   metod 155
Gröna Masala fårköttskotletter 156
   Ingredienser 156
   metod 157
Lammlever med bockhornsklöver 158
   Ingredienser 158

metod 158
Hussaini nötkött 160
   Ingredienser 160
   För kryddblandningen: 160
   metod 161
Matthew Lamb 162
   Ingredienser 162
   metod 163
Nötkött indad 164
   Ingredienser 164
   För kryddblandningen: 164
   metod 165
Lammgryta 166
   Ingredienser 166
   metod 166
Lamm smaksatt med kardemumma 167
   Ingredienser 167
   metod 168
Kheema 169
   Ingredienser 169
   metod 169
Kryddig fläskstek 170
   Ingredienser 170
   För kryddblandningen: 170
   metod 171
Tandoori Raan 172
   Ingredienser 172

metod 173
Talaa lamm 174
    Ingredienser 174
    För kryddblandningen: 174
    metod 175
Stuvad tunga 176
    Ingredienser 176
    metod 177
Stekt fårkött 178
    Ingredienser 178
    metod 179
Masala stekt lever 180
    Ingredienser 180
    metod 181
Kryddig bifftunga 182
    Ingredienser 182
    metod 183
Pasande av lamm 184
    Ingredienser 184
    metod 184
Lamm och äpple curry 185
    Ingredienser 185
    metod 186
Andhra stil torrt fårkött 187
    Ingredienser 187
    metod 187
En enkel biffcurry 189

Ingredienser 189

metod 189

Gosht Korma 190

Ingredienser 190

metod 191

Erachi kotletter 192

Ingredienser 192

metod 193

Helstekt köttfärs 194

Ingredienser 194

metod 194

Kaleji Do Pyaaz 195

Ingredienser 195

metod 196

Lamm med ben 197

Ingredienser 197

metod 198

Biff Vindaloo 199

Ingredienser 199

metod 200

Biff curry 201

Ingredienser 201

metod 202

Fårkött med pumpa 203

Ingredienser 203

metod 204

Gustaf 205

Ingredienser 205

metod 206

Fårkött med en blandning av grönt och örter 207

Ingredienser 207

metod 208

Citron lamm 209

Ingredienser 209

metod 210

Pasanda av lamm med mandel 211

Ingredienser 211

metod 212

Fläskkorv Chili Fry 213

Ingredienser 213

metod 214

Fårkött Shah Jahan 215

Ingredienser 215

För kryddblandningen: 215

metod 216

Kele ki Bhaji

(omogen banan curry)

Serverar 4

Ingredienser

6 omogna bananer, skalade och skurna i 2,5 cm tjocka bitar

Tillsätt salt efter smak

3 matskedar raffinerad vegetabilisk olja

1 stor lök, finhackad

2 pressade vitlöksklyftor

2-3 gröna chili, skuren på längden

1 cm/½ ingefärsrot

1 tesked gurkmeja

½ tesked spiskummin

½ färsk kokos, riven

metod

- Blötlägg bananerna i kallt vatten och salt i en timme. Häll av och ställ åt sidan.

- Hetta upp oljan i en kastrull. Tillsätt lök, vitlök, grön chili och ingefära. Stek dem på medelvärme tills löken blir gyllenbrun.

- Tillsätt bananer och gurkmeja, spiskummin och salt. Blanda väl. Täck med lock och koka på svag värme i 5-6 minuter.

- Tillsätt kokosen, blanda försiktigt och koka i 2-3 minuter. Servera varm.

Kokosnöt Kathal

(grön jackfrukt med kokos)

Serverar 4

Ingredienser

500g/1lb 2oz omogen brödfrukt*, skalad och hackad

500 ml/16 fl oz vatten

Tillsätt salt efter smak

100ml/3½fl oz senapsolja

2 lagerblad

1 tsk spiskummin

1 tsk ingefärspasta

250 ml kokosmjölk

Socker efter smak

Till smaksättningen:

75 g/2½ oz ghee

1 cm/½ i kanel

4 gröna kardemummakapsel

1 tsk chilipulver

2 gröna chili, skuren på längden

metod

- Blanda jackfruktbitarna med vatten och salt. Koka denna blandning i en kastrull på medelvärme i 30 minuter. Häll av och ställ åt sidan.

- Hetta upp senapsolja i en gryta. Tillsätt lagerblad och spiskummin. Låt dem spraya i 15 sekunder.

- Tillsätt jackfrukt- och ingefärspasta, kokosmjölk och socker. Koka i 3-4 minuter under konstant omrörning. Avsätta.

- Hetta upp ghee i en panna. Tillsätt krydda ingredienser. Stek i 30 sekunder.

- Häll denna blandning över jackfruktblandningen. Servera varm.

Kryddiga skivor av yam

Serverar 4

Ingredienser

500g/1lb 2oz sött kött

1 medelstor lök

1 tsk ingefärspasta

1 tsk vitlökspasta

1 tsk chilipulver

1 tsk mald koriander

4 kryddnejlika

1 cm/½ i kanel

4 gröna kardemummakapsel

½ tesked peppar

50g/1¾oz korianderblad

50g/1¾oz myntablad

Tillsätt salt efter smak

Raffinerad vegetabilisk olja för stekning

metod

- Skala sötpotatisen och skär den i 1 cm/½ tjocka skivor. Ånga i 5 minuter. Avsätta.

- Mal resten av ingredienserna, förutom oljan, till en slät deg.

- Applicera pastan på båda sidor av sötpotatisskivorna.

- Hetta upp oljan i en non-stick panna. Lägg till gropbrickorna. Stek på båda sidor tills de är gyllenbruna, tillsätt lite olja längs kanterna. Servera varm.

Yam Masala

Serverar 4

Ingredienser

400 g/14 oz yams, skalad och tärnad

750 ml/1¼ liter vatten

Tillsätt salt efter smak

3 matskedar raffinerad vegetabilisk olja

¼ senapsfrön

2 hela röda chili, grovt hackad

¼ tesked gurkmeja

¼ tesked mald spiskummin

1 tsk mald koriander

3 matskedar jordnötter, grovt krossade

metod

- Koka sötpotatisen med vatten och salt i en kastrull i 30 minuter. Häll av och ställ åt sidan.

- Hetta upp oljan i en kastrull. Tillsätt senapsfrön och röda chilibitar. Låt dem spraya i 15 sekunder.

- Tillsätt resterande ingredienser och den kokta sötpotatisen. Blanda väl. Koka på låg värme i 7-8 minuter. Servera varm

Betor masala

Serverar 4

Ingredienser

2 matskedar raffinerad vegetabilisk olja

3 små lökar, fint hackade

½ tesked ingefärspasta

½ tesked vitlökspasta

3 gröna chili, skurna på längden

3 rödbetor, skalade och hackade

¼ tesked gurkmeja

1 tsk mald koriander

¼ tesked garam masala

Tillsätt salt efter smak

125 g/4½ oz tomatpuré

1 msk korianderblad, hackade

metod

- Hetta upp oljan i en kastrull. Tillsätt lök. Stek dem på medelvärme tills de blir genomskinliga.

- Tillsätt ingefärspasta, vitlökspasta och grönpeppar. Fräs på låg värme i 2-3 minuter.

- Tillsätt rödbetor, gurkmeja, mald koriander, garam masala, salt och tomatpuré. Blanda väl. Koka i 7-8 minuter. Garnera med korianderblad. Servera varm.

Masala böngroddar

Serverar 4

Ingredienser

2 matskedar raffinerad vegetabilisk olja

3 små lökar, fint hackade

4 gröna chili, finhackad

1 cm/½ i ingefärsrot, finhackad

8 pressade vitlökar

¼ tesked gurkmeja

1 tsk mald koriander

2 tomater, fint hackade

200 g/7 oz grodda mungbönor, ångade

Tillsätt salt efter smak

1 msk korianderblad, hackade

metod

- Hetta upp oljan i en kastrull. Tillsätt lök, grön chili, ingefära och vitlök. Stek blandningen på medelvärme tills löken blir gyllenbrun.

- Tillsätt resterande ingredienser, förutom korianderbladen. Blanda väl. Koka blandningen på låg värme i 8-10 minuter, rör om då och då.

- Garnera med korianderblad. Servera varm.

Mirch Masala

(het grön paprika)

Serverar 4

Ingredienser

100 g/3½ oz spenat, finhackad

10 g/¼oz bockhornsklöver blad, fint hackade

25g/liten 1oz korianderblad, fint hackade

3 gröna chili, skurna på längden

60 ml/2 fl oz vatten

3½ matskedar raffinerad vegetabilisk olja

2 matskedar besan*

1 stor potatis, kokt och mosad

¼ tesked gurkmeja

2 tsk mald koriander

½ tsk chilipulver

Tillsätt salt efter smak

8 små gröna paprikor, urkärnade och utan kärnor

1 stor lök finhackad

2 tomater, fint hackade

metod

- Blanda spenat, bockhornsklöver, korianderblad och chili med vatten. Ånga blandningen i 15 minuter. Häll av och mal denna blandning till en pasta.

- Hetta upp hälften av oljan i en kastrull. Tillsätt besan, potatis, gurkmeja, mald koriander, chilipulver, salt och spenatpasta. Blanda väl. Stek denna blandning på medelvärme i 3-4 minuter. Avlägsna från värme.

- Fyll denna blandning i grön paprika.

- Hetta upp ½ matsked olja i en kastrull. Tillsätt den fyllda paprikan. Stek dem på medelvärme i 7-8 minuter, vänd då och då. Avsätta.

- Hetta upp resterande olja i en kastrull. Tillsätt lök. Stek den på medelvärme tills den är gyllenbrun. Tillsätt tomat och stekt fylld paprika. Blanda väl. Täck med lock och koka på svag värme i 4-5 minuter. Servera varm.

Tomat Kadhi

(Tomat i gram mjölsås)

Serverar 4

Ingredienser

2 matskedar besan*

120 ml vatten

3 matskedar raffinerad vegetabilisk olja

½ tesked senapsfrön

½ tesked bockhornsklöverfrön

½ tesked spiskummin

2 gröna chili skurna på längden

8 curryblad

1 tsk chilipulver

2 teskedar socker

150g/5½oz blandade frysta grönsaker

Tillsätt salt efter smak

8 tomater, blancherade och mosade

2 msk korianderblad, fint hackade

metod

- Blanda besan med vatten för att göra en slät pasta. Avsätta.

- Hetta upp oljan i en kastrull. Tillsätt senap, bockhornsklöver och spiskummin, grön chili, curryblad, chilipulver och socker. Låt dem spraya i 30 sekunder.

- Tillsätt grönsaker och salt. Stek blandningen på medelvärme i en minut.

- Tillsätt tomatpurén. Blanda väl. Koka blandningen på låg värme i 5 minuter.

- Tillsätt besanpasta. Koka i ytterligare 3-4 minuter.

- Garnera kadhi med korianderblad. Servera varm.

Grönsak kolhapuri

(Blandade varma grönsaker)

Serverar 4

Ingredienser

200g/7oz blandade frysta grönsaker

125 g/4½ oz frysta ärtor

500 ml/16 fl oz vatten

2 röda chili

2,5 cm/1 tum ingefärsrot

8 vitlöksklyftor

2 gröna chili

50g/1¾oz korianderblad, fint hackade

3 matskedar raffinerad vegetabilisk olja

3 små lökar, fint hackade

3 tomater, fint hackade

¼ tesked gurkmeja

¼ tesked mald koriander

Tillsätt salt efter smak

metod

- Blanda grönsaker och ärter med vatten. Koka blandningen i en kastrull på medelvärme i 10 minuter. Avsätta.

- Mal röd chili, ingefära, vitlök, grön chili och korianderblad till en fin deg.

- Hetta upp oljan i en panna. Tillsätt mald röd chili ingefära pasta och lök. Stek blandningen på medelvärme i 2 minuter.

- Tillsätt tomater, gurkmeja, mald koriander och salt. Stek denna blandning i 2-3 minuter, rör om då och då.

- Tillsätt kokta grönsaker. Blanda väl. Täck med lock och koka blandningen på låg värme i 5-6 minuter, rör om regelbundet.

- Servera varm.

Undhiyu

(Gujarati blandade grönsaker med klimpar)

Serverar 4

Ingredienser

2 stora potatisar, skalade

250 g bondbönor

1 omogen banan, skalad

20g/¾oz yams, skalat

2 mindre auberginer

60g/2oz färsk riven kokos

8 vitlöksklyftor

2 gröna chili

2,5 cm/1 tum ingefärsrot

100g/3½oz korianderblad, fint hackade

Tillsätt salt efter smak

60 ml/2 fl oz raffinerad vegetabilisk olja plus friteringstillsats

En nypa asafetida

½ tesked senapsfrön

250 ml/8 fl oz vatten

För muttys:

60g/2oz besan*

25g/liten 1oz färska bockhornsklöverblad, finhackade

½ tesked ingefärspasta

2 gröna chili, finhackad

metod

- Skär potatis, bönor, banan, jams och aubergine i tärningar. Avsätta.
- Mal kokosnöt, vitlök, grön chili, ingefära och korianderblad till en pasta. Blanda denna pasta med tärnade grönsaker och salt. Avsätta.
- Blanda alla ingredienser till muthian. Knåda blandningen till en fast deg. Dela degen i valnötsstora bollar.
- Hetta upp frityroljan i en panna. Lägg till muthias. Stek dem på medelvärme tills de är gyllenbruna. Häll av och ställ åt sidan.
- Hetta upp resterande olja i en kastrull. Tillsätt asafetida och senapsfrön. Låt dem spraya i 15 sekunder.
- Tillsätt vatten, muthias och blandade grönsaker. Blanda väl. Täck med lock och låt sjuda i 20 minuter, rör om regelbundet. Servera varm.

Banan Kofta Curry

Serverar 4

Ingredienser
För koftas:

2 omogna bananer, kokta och skalade

2 stora potatisar, kokta och skalade

3 gröna chili, finhackad

1 stor lök finhackad

1 msk korianderblad, fint hackade

1 matsked besan*

½ tsk chilipulver

Tillsätt salt efter smak

Ghee för fritering

Till curryn:

75 g/2½ oz ghee

1 stor lök finhackad

10 pressade vitlökar

1 matsked mald koriander

1 tsk garam masala

2 tomater, fint hackade

3 curryblad

Tillsätt salt efter smak

250 ml/8 fl oz vatten

½ msk korianderblad, fint hackade

metod

- Mosa ihop bananerna och potatisen.
- Blanda med resterande kofta ingredienser, förutom ghee. Knåda denna blandning till en fast deg. Dela degen i valnötsstora bollar för att göra koftis.
- Hetta upp ghee för fritering i en panna. Tillsätt koftas. Stek dem på medelvärme tills de är gyllenbruna. Häll av och ställ åt sidan.
- För curry, värm ghee i en kastrull. Tillsätt lök och vitlök. Stek på medelvärme tills löken blir genomskinlig. Tillsätt mald koriander och garam masala. Stek i 2-3 minuter.
- Tillsätt tomater, curryblad, salt och vatten. Blanda väl. Koka blandningen i 15 minuter, rör om då och då.
- Lägg till stekt koftas. Täck med lock och fortsätt att sjuda i 2-3 minuter.
- Garnera med korianderblad. Servera varm.

Bitter kalebass med lök

Serverar 4

Ingredienser

500g/1lb 2oz bitter kalebass*

Tillsätt salt efter smak

750 ml/1¼ liter vatten

4 matskedar raffinerad vegetabilisk olja

½ tesked spiskummin

½ tesked senapsfrön

En nypa asafetida

½ tesked ingefärspasta

½ tesked vitlökspasta

2 stora lökar fint hackade

½ tesked gurkmeja

1 tsk chilipulver

1 tsk malen spiskummin

1 tsk mald koriander

1 tsk socker

Saften av 1 citron

1 msk korianderblad, fint hackade

metod

- Skala de bittra kalebasserna och skär dem i tunna ringar. Kasta fröna.
- Koka dem med salt och vatten i en gryta på medelvärme i 5-7 minuter. Ta bort från värmen, låt rinna av och rinna av vattnet, ställ åt sidan.
- Hetta upp oljan i en kastrull. Tillsätt spiskummin och senapsfrön. Låt dem spraya i 15 sekunder.
- Tillsätt asafoetida, ingefärspasta och vitlökspasta. Stek blandningen på medelvärme i en minut.
- Tillsätt lök. Stek dem i 2-3 minuter.
- Tillsätt gurkmeja, chilipulver, malen spiskummin och mald koriander. Blanda väl.
- Tillsätt bitter kalebass, socker och citronsaft. Blanda noggrant. Täck med lock och koka blandningen på låg värme i 6-7 minuter, rör om regelbundet.
- Garnera med korianderblad. Servera varm.

Sukha Khatta Chana

(Torra inlagda kikärtor)

Serverar 4

Ingredienser

4 korn svartpeppar

2 kryddnejlika

2,5 cm/1 i kanel

½ tsk korianderfrön

½ tesked svarta spiskumminfrön

½ tesked spiskummin

500g/1lb 2oz kikärter, blötlagda över natten

Tillsätt salt efter smak

1 liter/1¾ pint vatten

1 matsked torra granatäpplekärnor

Tillsätt salt efter smak

1 cm/½ i ingefärsrot, finhackad

1 grön chili, hackad

2 teskedar tamarindpasta

2 matskedar ghee

1 liten potatis, skuren i tärningar

1 tomat, finhackad

metod

- För kryddblandningen, mal pepparkorn, kryddnejlika, kanel, koriander, svartkumminfrön och spiskummin till ett fint pulver. Avsätta.
- Blanda kikärter med salt och vatten. Koka denna blandning i en kastrull på medelvärme i 45 minuter. Avsätta.
- Rosta granatäpplekärnorna torra i en panna på medelvärme i 2-3 minuter. Ta bort från värmen och mal till ett pulver. Blanda med salt och torrstek blandningen igen i 5 minuter. Överför till en kastrull.
- Tillsätt ingefära, grön chili och tamarindpasta. Koka denna blandning på medelvärme i 4-5 minuter. Tillsätt den malda kryddblandningen. Blanda väl och ställ åt sidan.
- Hetta upp ghee i en annan panna. Tillsätt potatis. Stek dem på medelvärme tills de är gyllenbruna.
- Tillsätt stekt potatis till de kokta kikärtorna. Tillsätt även tamarindmald kryddblandning.
- Blanda väl och koka på låg värme i 5-6 minuter.

Bharwan Karela

(fyllda jaggery)

Serverar 4

Ingredienser

500g/1lb 2oz små bittra kalebasser*

Tillsätt salt efter smak

1 tesked gurkmeja

Raffinerad vegetabilisk olja för fritering

För fyllningen:

5-6 gröna chili

2,5 cm/1 tum ingefärsrot

12 vitlöksklyftor

3 små lökar

1 matsked raffinerad vegetabilisk olja

4 stora potatisar, kokta och mosade

½ tesked gurkmeja

½ tsk chilipulver

1 tsk malen spiskummin

1 tsk mald koriander

En nypa asafetida

Tillsätt salt efter smak

metod

- Skala de bittra kalebasserna. Skär dem försiktigt på längden, håll bottnarna intakta. Ta bort frön och fruktkött och kassera. Gnid in salt och gurkmeja på det yttre skalet. Låt dem stå åt sidan i 4-5 timmar.
- Till fyllningen mal chili, ingefära, vitlök och lök till en pasta. Avsätta.
- Hetta upp 1 matsked olja i en panna. Tillsätt lök, ingefära och vitlökspasta. Stek den på medelvärme i 2-3 minuter.
- Tillsätt resterande ingredienser till fyllningen. Blanda väl. Stek blandningen på medelvärme i 3-4 minuter.
- Ta bort från värmen och kyl blandningen. Fyll denna blandning i pumpor. Bind fast varje pumpa med snöre så att fyllningen inte faller ut under tillagningen.
- Hetta upp frityroljan i en panna. Tillsätt den fyllda squashen. Stek dem på medelvärme tills de är gyllenbruna och krispiga, vänd dem ofta.
- Knyt upp knutarna och kassera trådarna. Servera varm.

Kål Kofta Curry

(rundor med kål i sås)

Serverar 4

Ingredienser

1 stor kål, riven

250 g/9 oz besan*

Tillsätt salt efter smak

Raffinerad vegetabilisk olja för fritering

2 msk korianderblad, till dekoration

Till såsen:

3 matskedar raffinerad vegetabilisk olja

3 lagerblad

1 svart kardemumma

1 cm/½ i kanel

1 kryddnejlika

1 stor lök, finhackat

2,5 cm/1 i ingefärsrot, skuren

3 tomater, fint hackade

1 tsk mald koriander

1 tsk malen spiskummin

Tillsätt salt efter smak

250 ml/8 fl oz vatten

metod

- Knåda kål, besan och salt till en mjuk deg. Dela degen i valnötsstora bollar.
- Hetta upp oljan i en panna. Lägg till bollarna. Stek dem på medelvärme tills de är gyllenbruna. Häll av och ställ åt sidan.
- Till såsen, värm oljan i en kastrull. Tillsätt lagerblad, kardemumma, kanel och kryddnejlika. Låt dem spraya i 30 sekunder.
- Tillsätt lök och ingefära. Stek denna blandning på medelvärme tills löken blir genomskinlig.
- Tillsätt tomater, mald koriander och mald spiskummin. Blanda väl. Stek i 2-3 minuter.
- Tillsätt salt och vatten. Rör om i en minut. Täck med lock och låt sjuda i 5 minuter.
- Öppna pannan och tillsätt koftabollarna. Koka i ytterligare 5 minuter, rör om då och då.
- Garnera med korianderblad. Servera varm.

Ananas Goju

(Kryddig ananaskompott)

Serverar 4

Ingredienser

3 matskedar raffinerad vegetabilisk olja

250 ml/8 fl oz vatten

1 tsk senapsfrön

6 curryblad, krossade

En nypa asafetida

½ tesked gurkmeja

Tillsätt salt efter smak

400 g/14 oz ananas, hackad

För kryddblandningen:

4 matskedar färsk riven kokos

3 gröna chili

2 röda chili

½ tesked fänkålsfrön

½ tesked bockhornsklöverfrön

1 tsk spiskummin

2 tsk korianderfrön

1 litet knippe korianderblad

1 kryddnejlika

2-3 pepparkorn

metod

- Blanda alla ingredienserna till kryddblandningen.
- Hetta upp 1 matsked olja i en kastrull. Tillsätt kryddblandningen. Stek den på medelvärme i 1-2 minuter, rör om ofta. Ta av från värmen och mal med hälften vatten till en slät massa. Avsätta.
- Hetta upp resterande olja i en kastrull. Tillsätt senapsfrön och curryblad. Låt dem spraya i 15 sekunder.
- Tillsätt asafetida, gurkmeja och salt. Stek i en minut.
- Tillsätt ananas, kryddblandning och resterande vatten. Blanda väl. Täck med lock och låt sjuda i 8-12 minuter. Servera varm.

Gojju bitter kalebass

(kryddig bitter kalebasskompott)

Serverar 4

Ingredienser

Tillsätt salt efter smak

4 stora bittra kalebasser*, skalade, skurna på längden, rensade från frön och skivade

6 matskedar raffinerad vegetabilisk olja

1 tsk senapsfrön

8-10 curryblad

1 stor lök, riven

3-4 pressade vitlöksklyftor

2 tsk chilipulver

1 tsk malen spiskummin

½ tesked gurkmeja

1 tsk mald koriander

2 tsk sambharpulver*

2 teskedar färsk kokos, hackad

1 tsk bockhornsklöverfrön, torrrostade och malda

2 tsk vit sesam, torrstekt och mald

2 matskedar jaggery*, smält

½ tesked tamarindpasta

250 ml/8 fl oz vatten

En nypa asafetida

metod

- Gnid in saltet på de bittra kalebassskivorna. Lägg dem i en skål och täck den med folie. Låt stå åt sidan i 30 minuter. Krama ut all överflödig fukt.
- Hetta upp hälften av oljan i en kastrull. Tillsätt jaggeryen. Stek dem på medelvärme tills de är gyllenbruna. Avsätta.
- Hetta upp den återstående oljan i en annan panna. Tillsätt senapsfrön och curryblad. Låt dem spraya i 15 sekunder.
- Tillsätt lök och vitlök. Stek denna blandning på medelvärme tills löken blir gyllenbrun.
- Tillsätt chilipulver, mald spiskummin, gurkmeja, mald koriander, sambharpulver och kokos. Stek i 2-3 minuter.
- Tillsätt de återstående ingredienserna, förutom vatten och asafetida. Stek ytterligare en minut.
- Tillsätt stekt ansjovis, lite salt och vatten. Blanda väl. Täck med lock och låt sjuda i 12-15 minuter.
- Lägg till asafetida. Blanda väl. Servera varm.

Baingan Mirchi ka Salan

(Aubergine och chili)

Serverar 4

Ingredienser

6 hela gröna paprikor

4 matskedar raffinerad vegetabilisk olja

600g/1lb små auberginer, i fjärdedelar

4 gröna chili

1 tsk sesamfrön

10 cashewnötter

20-25 jordnötter

5 korn svartpeppar

¼ tesked bockhornsklöver frön

¼ tesked senapsfrön

1 tsk ingefärspasta

1 tsk vitlökspasta

1 tsk mald koriander

1 tsk malen spiskummin

½ tesked gurkmeja

125 g/4½ oz yoghurt

2 teskedar tamarindpasta

3 hela röda chili

Tillsätt salt efter smak

1 liter/1¾ pint vatten

metod

- Rensa fröna från grön paprika och skär dem i långa strimlor.
- Hetta upp 1 matsked olja i en kastrull. Tillsätt grön paprika och fräs den på medelvärme i 1-2 minuter. Avsätta.
- Hetta upp 2 matskedar olja i en annan gryta. Tillsätt aubergine och grön paprika. Sjud på medelvärme i 2-3 minuter. Avsätta.
- Hetta upp en panna och torrstek sesamfrön, cashewnötter, jordnötter och pepparkorn på medelvärme i 1-2 minuter. Ta bort från värmen och mal blandningen grovt.
- Hetta upp resterande olja i en kastrull. Tillsätt bockhornsklöverfrön, senapsfrön, ingefärspasta, vitlökspasta, mald koriander, mald spiskummin, gurkmeja och en blandning av sesamfrön och cashewnötter. Stek på medelvärme i 2-3 minuter.
- Tillsätt stuvad grön paprika, stuvade auberginer och alla andra ingredienser. Sjud i 10-12 minuter.
- Servera varm.

Kyckling med grönt

Serverar 4

Ingredienser

750g/1lb 10oz kyckling, skuren i 8 bitar

50g/1¾oz spenat, finhackad

25g/liten 1oz färska bockhornsklöverblad, finhackade

100g/3½oz korianderblad, fint hackade

50 g/1¾oz myntablad, fint hackade

6 gröna chili, finhackad

120 ml/4 fl oz raffinerad vegetabilisk olja

2-3 stora lökar fint hackade

Tillsätt salt efter smak

metod

- Blanda alla ingredienser till marinaden. Marinera kycklingen i denna blandning i en timme.
- Mal spenat, bockhornsklöverblad, korianderblad och myntablad tillsammans med grön chili till en smidig deg. Blanda denna pasta med marinerad kyckling. Avsätta.
- Hetta upp oljan i en kastrull. Tillsätt lök. Stek dem på medelvärme tills de är gyllenbruna.

- Tillsätt kycklingblandningen och salt. Blanda väl. Täck med lock och koka på låg värme i 40 minuter, rör om då och då. Servera varm.

Till marinaden:

1 tsk garam masala

1 tsk mald koriander

1 tsk malen spiskummin

200 g/7 oz yoghurt

¼ tesked gurkmeja

1 tsk chilipulver

1 tsk ingefärspasta

1 tsk vitlökspasta

Kyckling Tikka Masala

Serverar 4

Ingredienser

200 g/7 oz yoghurt

½ matsked ingefärspasta

½ matsked vitlökspasta

En nypa orange matfärg

2 matskedar raffinerad vegetabilisk olja

500g/1lb 2oz benfri kyckling, skuren i lagom stora bitar

1 matsked smör

6 tomater, fint hackade

2 stora lökar

½ tesked ingefärspasta

½ tesked vitlökspasta

½ tesked gurkmeja

1 msk garam masala

1 tsk chilipulver

Tillsätt salt efter smak

1 msk korianderblad, fint hackade

metod

- För tikka, blanda yoghurt, ingefärspasta, vitlökspasta, matfärg och 1 matsked olja. Marinera kycklingen i denna blandning i 5 timmar.
- Grilla den marinerade kycklingen i 10 minuter. Avsätta.
- Hetta upp smöret i en gryta. Tillsätt tomaterna. Stek dem på medelvärme i 3-4 minuter. Ta av från värmen och blanda till en slät pasta. Avsätta.
- Mal löken till en slät pasta.
- Hetta upp resterande olja i en kastrull. Tillsätt lökpasta. Stek den på medelvärme tills den är gyllenbrun.

- Tillsätt ingefärspasta och vitlökspasta. Stek i en minut.
- Tillsätt gurkmeja, garam masala, chilipulver och tomatpuré. Blanda väl. Rör om blandningen i 3-4 minuter.
- Smaka av med salt och tillsätt den rostade kycklingen. Rör försiktigt tills såsen täcker kycklingen.
- Garnera med korianderblad. Servera varm.

Kryddig fylld kyckling i en rik sås

Serverar 4

Ingredienser

½ tsk chilipulver

½ tsk garam masala

4 teskedar ingefärspasta

4 teskedar vitlökspasta

Tillsätt salt efter smak

8 kycklingbröst, tillplattade

4 stora lökar fint hackade

5 cm/1in ingefära rot, finhackad

5 gröna chili, finhackad

200 g/7 oz khoya*

2 matskedar citronsaft

50g/1¾oz korianderblad, fint hackade

15 cashewnötter

5 teskedar torkad kokos

30 g/1 oz flingad mandel

1 tsk saffran, indränkt i 1 tsk mjölk

150 g/5½ oz ghee

200 g/7 oz yoghurt, vispad

metod

- Blanda chilipulver, garam masala, hälften ingefärspasta, hälften vitlökspasta och lite salt. Marinera kycklingbröstet i denna blandning i 2 timmar.
- Blanda hälften av löken med hackad ingefära, grön chili, khoya, citronsaft, salt och hälften av korianderbladen. Dela denna blandning i 8 lika delar.
- Placera varje sektion på den smala änden av varje kycklingbröst och rulla inåt för att täta bröstet. Avsätta.
- Värm ugnen till 200°C (400°F, gasmark 6). Lägg det fyllda kycklingbröstet i en smord ugnsplåt och grädda i 15-20 minuter tills de är gyllenbruna. Avsätta.
- Mal ihop cashewnötter och kokos till en slät pasta. Avsätta.
- Blötlägg mandlarna i saffransmjölksblandningen. Avsätta.
- Hetta upp ghee i en kastrull. Tillsätt den återstående löken. Stek dem på medelvärme tills de blir genomskinliga. Tillsätt resterande ingefärspasta och vitlökspasta. Stek blandningen i en minut.
- Tillsätt cashewnöt och kokospasta. Stek i en minut. Tillsätt yoghurt och rostat kycklingbröst. Blanda väl. Koka på låg värme i 5-6 minuter, rör om ofta. Tillsätt mandel- och saffransblandningen. Blanda försiktigt. Sjud i 5 minuter.

- Garnera med korianderblad. Servera varm.

Spicy Chicken Masala

Serverar 4

Ingredienser

6 hela torra röda chili

2 matskedar korianderfrön

6 gröna kardemummakapslar

6 kryddnejlika

5 cm/2 i kanel

2 tsk fänkålsfrön

½ tesked svartpepparkorn

120 ml/4 fl oz raffinerad vegetabilisk olja

2 stora lökar, skivade

1 cm/½ i ingefära, riven

8 pressade vitlökar

2 stora tomater, fint hackade

3-4 lagerblad

1 kg/2¼ lb kyckling, skuren i 12 bitar

½ tesked gurkmeja

Tillsätt salt efter smak

500 ml/16 fl oz vatten

100g/3½oz korianderblad, fint hackade

metod

- Blanda röd chili, korianderfrön, kardemumma, kryddnejlika, kanel, fänkålsfrön och pepparkorn.
- Torka blandningen och mal den till ett pulver. Avsätta.
- Hetta upp oljan i en kastrull. Tillsätt lök. Stek dem på medelvärme tills de är gyllenbruna.
- Tillsätt ingefära och vitlök. Stek i en minut.
- Tillsätt tomater, lagerblad och mald röd chili och korianderfröpulver. Fortsätt steka i 2-3 minuter.
- Tillsätt kyckling, gurkmeja, salt och vatten. Blanda väl. Täck med lock och koka i 40 minuter, rör om regelbundet.
- Garnera kycklingen med korianderblad. Servera varm.

kashmiri kyckling

Serverar 4

Ingredienser

2 matskedar maltvinäger

2 tsk chiliflakes

2 tsk senapsfrön

2 teskedar spiskummin

½ tesked svartpepparkorn

7,5 cm/3 i kanel

10 kryddnejlika

75 g/2½ oz ghee

1 kg/2¼ lb kyckling, skuren i 12 bitar

1 matsked raffinerad vegetabilisk olja

4 lagerblad

4 medelstora lökar, finhackade

1 matsked ingefärspasta

1 matsked vitlökspasta

3 tomater, fint hackade

1 tesked gurkmeja

500 ml/16 fl oz vatten

Tillsätt salt efter smak

20 cashewnötter, malda

6 trådar saffran indränkta i saften av 1 citron

metod

- Blanda maltvinägern med chili, senapsfrö, spiskummin, pepparkorn, kanel och kryddnejlika. Mal denna blandning till en slät pasta. Avsätta.
- Hetta upp ghee i en kastrull. Lägg i kycklingbitarna och stek dem på medelvärme tills de är gyllenbruna. Häll av och ställ åt sidan.
- Hetta upp oljan i en kastrull. Tillsätt lagerblad och lök. Stek denna blandning på medelvärme tills löken blir gyllenbrun.
- Tillsätt vinägerpasta. Blanda väl och koka på låg värme i 7-8 minuter.
- Tillsätt ingefärspasta och vitlökspasta. Stek denna blandning i en minut.
- Tillsätt tomater och gurkmeja. Blanda väl och koka på medelvärme i 2-3 minuter.
- Tillsätt stekt kyckling, vatten och salt. Blanda väl för att täcka kycklingen. Täck med lock och låt sjuda i 30 minuter, rör om då och då.
- Tillsätt cashewnötter och saffran. Fortsätt att sjuda i 5 minuter. Servera varm.

Rom och kyckling

Serverar 4

Ingredienser

1 tsk garam masala

1 tsk chilipulver

1 kg/2¼ lb kyckling, skuren i 8 bitar

6 vitlöksklyftor

4 korn svartpeppar

4 kryddnejlika

½ tesked spiskummin

2,5 cm/1 i kanel

50g/1¾oz färsk kokos, riven

4 mandlar

1 grön kardemummakapsel

1 matsked korianderfrön

300 ml/10 fl oz vatten

75 g/2½ oz ghee

3 stora lökar fint hackade

Tillsätt salt efter smak

½ tesked saffran

120 ml mörk rom

1 msk korianderblad, fint hackade

metod

- Blanda garam masala och chilipulver. Marinera kycklingen i denna blandning i 2 timmar.
- Torrrostad vitlök, pepparkorn, kryddnejlika, spiskummin, kanel, kokos, mandel, kardemumma och korianderfrön.
- Mal med 60ml/2fl oz vatten till en slät pasta. Avsätta.
- Hetta upp ghee i en kastrull. Tillsätt löken och stek den på medelvärme tills den blir genomskinlig.
- Tillsätt vitlök och pepparpasta. Blanda väl. Stek blandningen i 3-4 minuter.
- Tillsätt marinerad kyckling och salt. Blanda väl. Fortsätt steka i 3-4 minuter, rör om då och då.
- Tillsätt 240 ml vatten. Blanda försiktigt. Täck med lock och koka på låg värme i 40 minuter, rör om regelbundet.
- Tillsätt saffran och rom. Blanda väl och fortsätt att sjuda i 10 minuter.
- Garnera med korianderblad. Servera varm.

Kyckling Shahjahani

(Kyckling i varm sås)

Serverar 4

Ingredienser

5 matskedar raffinerad vegetabilisk olja

2 lagerblad

5 cm/2 i kanel

6 gröna kardemummakapslar

½ tesked spiskummin

8 kryddnejlika

3 stora lökar fint hackade

1 tesked gurkmeja

1 tsk chilipulver

1 tsk ingefärspasta

1 tsk vitlökspasta

Tillsätt salt efter smak

75 g/2½ oz cashewnötter, malda

150 g/5½ oz yoghurt, vispad

1 kg/2¼ lb kyckling, skuren i 8 bitar

2 skedar unik grädde

¼ tesked mald svart kardemumma

10g/¼oz korianderblad, fint hackade

metod

- Hetta upp oljan i en kastrull. Tillsätt lagerblad, kanel, kardemumma, spiskummin och kryddnejlika. Låt dem spraya i 15 sekunder.
- Tillsätt lök, gurkmeja och chilipulver. Sjud blandningen på medelvärme i 1-2 minuter.
- Tillsätt ingefärspasta och vitlökspasta. Stek i 2-3 minuter under konstant omrörning.
- Tillsätt salt och malda cashewnötter. Blanda väl och stek ytterligare en minut.
- Tillsätt yoghurt och kyckling. Rör försiktigt tills blandningen täcker kycklingbitarna.
- Täck med lock och koka blandningen på låg värme i 40 minuter, rör om ofta.
- Avtäck behållaren och tillsätt grädde och mald kardemumma. Blanda försiktigt i 5 minuter.
- Garnera kycklingen med korianderblad. Servera varm.

Påsk kyckling

Serverar 4

Ingredienser

1 tsk citronsaft

1 tsk ingefärspasta

1 tsk vitlökspasta

Tillsätt salt efter smak

1 kg/2¼ lb kyckling, skuren i 8 bitar

2 matskedar korianderfrön

12 vitlöksklyftor

2,5 cm/1 tum ingefärsrot

1 tsk spiskummin

8 röda chili

4 kryddnejlika

2,5 cm/1 i kanel

1 tesked gurkmeja

1 liter/1¾ pint vatten

4 matskedar raffinerad vegetabilisk olja

3 stora lökar fint hackade

4 gröna chili, skuren på längden

3 tomater, fint hackade

1 tsk tamarindpasta

2 stora potatisar, skurna i fjärdedelar

metod

- Blanda citronsaft, ingefärspasta, vitlökspasta och salt. Marinera kycklingbitarna i denna blandning i 2 timmar.
- Blanda ihop korianderfrön, vitlök, ingefära, spiskummin, röd chili, kryddnejlika, kanel och gurkmeja.
- Mal denna blandning med hälften vatten till en slät pasta. Avsätta.
- Hetta upp oljan i en kastrull. Tillsätt lök. Stek dem på medelvärme tills de blir genomskinliga.
- Tillsätt grön paprika och korianderfröpasta och vitlök. Stek denna blandning i 3-4 minuter.
- Tillsätt tomater och tamarindpasta. Fortsätt steka i 2-3 minuter.
- Tillsätt marinerad kyckling, potatis och resterande vatten. Blanda noggrant. Täck med lock och koka i 40 minuter, rör om regelbundet.
- Servera varm.

Kryddig anka med potatis

Serverar 4

Ingredienser

1 tsk mald koriander

2 tsk chilipulver

¼ tesked gurkmeja

5 cm/2 i kanel

6 kryddnejlika

4 gröna kardemummakapsel

1 tsk fänkålsfrön

60 ml/2 fl oz raffinerad vegetabilisk olja

4 stora lökar, tunt skivade

5 cm/2in ingefära rot, hackad

8 vitlöksklyftor

6 gröna chili, skuren på längden

3 stora potatisar, skurna i fjärdedelar

1 kg/2¼ lb anka, hackad i 8-10 bitar

2 teskedar maltvinäger

750 ml/1¼ liter kokosmjölk

Tillsätt salt efter smak

1 tesked ghee

1 tsk senapsfrön

2 schalottenlök, skivade

8 curryblad

metod

- Blanda koriander, chilipulver, gurkmeja, kanel, kryddnejlika, kardemumma och fänkålsfrön. Mal denna blandning till ett pulver. Avsätta.
- Hetta upp oljan i en kastrull. Tillsätt lök, ingefära, vitlök och grön chili. Stek på medelvärme i 2-3 minuter.
- Tillsätt den pulveriserade kryddblandningen. Sjud i 2 minuter.
- Tillsätt potatis. Fortsätt steka i 3-4 minuter.
- Tillsätt anka, maltvinäger, kokosmjölk och salt. Blanda i 5 minuter. Täck med lock och koka blandningen på låg värme i 40 minuter, rör om ofta. När ankan är tillagad tar du bort den från värmen och ställer den åt sidan.
- Hetta upp ghee i en liten kastrull. Tillsätt senapsfrön, schalottenlök och curryblad. Stek på hög värme i 30 sekunder.
- Häll detta över ankan. Blanda väl. Servera varm.

Moile ankan

(Enkel ankcurry)

Serverar 4

Ingredienser

1 kg/2¼ lb anka, hackad i 12 bitar

Tillsätt salt efter smak

1 matsked mald koriander

1 tsk malen spiskummin

6 korn svartpeppar

4 kryddnejlika

2 gröna kardemummakapslar

2,5 cm/1 i kanel

120 ml/4 fl oz raffinerad vegetabilisk olja

3 stora lökar fint hackade

5 cm/2in ingefära rot, finhackad

3 gröna chili, finhackad

½ tesked socker

2 matskedar maltvinäger

360 ml/12 fl oz vatten

metod

- Marinera ankbitarna i salt i en timme.
- Blanda mald koriander, mald spiskummin, pepparkorn, kryddnejlika, kardemumma och kanel. Stek denna blandning i en panna på medelvärme i 1-2 minuter.
- Ta bort från värmen och mal till ett fint pulver. Avsätta.
- Hetta upp oljan i en kastrull. Tillsätt de marinerade ankbitarna. Stek dem på medelvärme tills de är gyllenbruna. Vänd dem då och då så att de inte bränns. Häll av och ställ åt sidan.
- Hetta upp samma olja och tillsätt lök. Stek dem på medelvärme tills de är gyllenbruna.
- Tillsätt ingefära och grön paprika. Fortsätt steka i 1-2 minuter.
- Tillsätt socker, maltvinäger och korianderkumminpulver. Blanda i 2-3 minuter.
- Tillsätt de stekta ankbitarna tillsammans med vattnet. Blanda väl. Täck med lock och låt sjuda i 40 minuter, rör om då och då.
- Servera varm.

Bharwa Murgh Kaju

(Kyckling fylld med cashewnötter)

Serverar 4

Ingredienser

3 teskedar ingefärspasta

3 teskedar vitlökspasta

10 cashewnötter, malda

1 tsk chilipulver

1 tsk garam masala

Tillsätt salt efter smak

8 kycklingbröst, tillplattade

4 stora lökar fint hackade

200 g/7 oz khoya*

6 gröna chili, finhackad

25g/liten 1oz myntablad, finhackad

25g/liten 1oz korianderblad, fint hackade

2 matskedar citronsaft

75 g/2½ oz ghee

75 g/2½ oz cashewnötter, malda

400 g/14 oz yoghurt, vispad

2 teskedar garam masala

2 teskedar saffran, indränkt i 2 matskedar varm mjölk

Tillsätt salt efter smak

metod

- Blanda hälften ingefärspasta och hälften vitlökspasta med malda cashewnötter, chilipulver, garam masala och en nypa salt.
- Marinera kycklingbröstet i denna blandning i 30 minuter.
- Blanda hälften av löken med khoya, grön chili, myntablad, korianderblad och citronsaft. Dela denna blandning i 8 lika delar.
- Bred ut det marinerade kycklingbröstet. Lägg lite av lök-khoya-blandningen på den. Rulla ihop som en rulle.
- Upprepa detta för resten av kycklingbrösten.
- Smörj en ugnsform och lägg de fyllda kycklingbrösten i den, med de fria ändarna nedåt.
- Grädda kycklingen i ugnen vid 200°C (400°F, gasmark 6) i 20 minuter. Avsätta.
- Hetta upp ghee i en kastrull. Tillsätt den återstående löken. Stek dem på medelvärme tills de blir genomskinliga.

- Tillsätt resterande ingefärspasta och vitlökspasta. Stek blandningen i 1-2 minuter.
- Tillsätt malda cashewnötter, yoghurt och garam masala. Blanda i 1-2 minuter.
- Tillsätt bakade kycklingrullar, saffransblandning och lite salt. Blanda väl. Täck med lock och koka på låg värme i 15-20 minuter. Servera varm.

Kyckling masala med yoghurt

Serverar 4

Ingredienser

1 kg/2¼ lb kyckling, skuren i 12 bitar

7,5 cm/3in ingefära rot, riven

10 pressade vitlökar

½ tsk chilipulver

½ tsk garam masala

½ tesked gurkmeja

2 gröna chili

Tillsätt salt efter smak

200 g/7 oz yoghurt

½ tesked spiskummin

1 tsk korianderfrön

4 kryddnejlika

4 korn svartpeppar

2,5 cm/1 i kanel

4 gröna kardemummakapsel

6-8 mandlar

5 matskedar ghee

4 medelstora lökar, finhackade

250 ml/8 fl oz vatten

1 msk korianderblad, fint hackade

metod
- Nagga kycklingbitarna med en gaffel. Avsätta.
- Blanda hälften av ingefäran och vitlöken med chilipulvret, garam masala, gurkmeja, grön chili och salt. Mal denna blandning till en slät pasta. Vispa pastan med yoghurt.
- Marinera kycklingen i denna blandning i 4-5 timmar. Avsätta.
- Värm grytan. Torrrostade spiskummin, korianderfrön, kryddnejlika, pepparkorn, kanel, kardemumma och mandel. Avsätta.

- Värm 4 matskedar ghee i en tjock panna. Tillsätt lök. Stek dem på medelvärme tills de blir genomskinliga.
- Tillsätt resterande ingefära och vitlök. Stek i 1-2 minuter.
- Ta bort från värmen och mal denna blandning med torr rostad spiskummin och korianderblandning till en slät pasta.

- Värm resterande ghee i en kastrull. Tillsätt pastan och stek den på medelvärme i 2-3 minuter.
- Tillsätt den marinerade kycklingen och stek ytterligare 3-4 minuter.
- Lägg till vatten. Blanda försiktigt i en minut. Täck med lock och låt sjuda i 30 minuter, rör om regelbundet.
- Garnera med korianderblad och servera varma.

Kyckling Dhansak

(Kyckling tillagad Parsi stil)

Serverar 4

Ingredienser

75g/2½oz toor dhal*

75g/2½oz mung dhal*

75g/2½oz masoor dhal*

75 g/2½ oz chana dhal*

1 liten aubergine, finhackad

25g/liten 1oz pumpa, finhackad

Tillsätt salt efter smak

1 liter/1¾ pint vatten

8 korn svartpeppar

6 kryddnejlika

2,5 cm/1 i kanel

En nypa mace

2 lagerblad

1 stjärnanis

3 torra röda chili

2 matskedar raffinerad vegetabilisk olja

50g/1¾oz korianderblad, fint hackade

50 g/1¾oz färska bockhornsklöverblad, finhackade

50 g/1¾oz myntablad, fint hackade

750g/1lb 10oz benfri kyckling, skuren i 12 bitar

1 tesked gurkmeja

¼ tesked riven muskotnöt

1 matsked vitlökspasta

1 matsked ingefärspasta

1 matsked tamarindpasta

metod

- Blanda dhal med aubergine, pumpa, salt och hälften vatten. Koka denna blandning i en kastrull på medelvärme i 45 minuter.
- Ta bort från värmen och blanda denna blandning till en slät pasta. Avsätta.
- Blanda pepparkorn, kryddnejlika, kanel, muskotblomma, lagerblad, stjärnanis och röd chili. Stek blandningen på medelvärme i 2-3 minuter. Ta bort från värmen och mal till ett fint pulver. Avsätta.
- Hetta upp oljan i en kastrull. Tillsätt koriander, bockhornsklöver och myntablad. Stek dem på medelvärme i 1-2 minuter. Ta bort från värmen och mal till en pasta. Avsätta.
- Blanda kycklingen med gurkmeja, muskotnöt, vitlökspasta, ingefärspasta, dhalpasta och resterande

vatten. Koka denna blandning i en kastrull på medelvärme i 30 minuter, rör om då och då.

- Tillsätt pastan av korianderblad, bockhornsklöver och mynta. Koka i 2-3 minuter.
- Tillsätt peppar, kryddnejlikapulver och tamarindpasta. Blanda väl. Rör om blandningen på låg värme i 8-10 minuter.
- Servera varm.

Chatpata kyckling

(Dricker kyckling)

Serverar 4

Ingredienser

500g/1lb 2oz benfri kyckling, hackad i små bitar

2 matskedar raffinerad vegetabilisk olja

150 g blomkålsbuketter

200 g/7 oz svamp, skivad

1 stor morot, skivad

1 stor grön paprika, kärnad och hackad

Tillsätt salt efter smak

½ tesked mald svartpeppar

10-15 curryblad

5 gröna chili, finhackad

5 cm/2in ingefära rot, finhackad

10 vitlöksklyftor, fint hackade

4 matskedar tomatpuré

4 matskedar korianderblad, fint hackade

Till marinaden:

125 g/4½ oz yoghurt

1½ matskedar ingefärspasta

1½ matskedar vitlökspasta

1 tsk chilipulver

1 tsk garam masala

Tillsätt salt efter smak

metod

- Blanda alla ingredienser till marinaden.
- Marinera kycklingen i denna blandning i 1 timme.
- Hetta upp en halv matsked olja i en kastrull. Tillsätt blomkål, svamp, morötter, grönpeppar, salt och mald svartpeppar. Blanda väl. Stek blandningen på medelvärme i 3-4 minuter. Avsätta.
- Hetta upp den återstående oljan i en annan panna. Tillsätt curryblad och grön chili. Stek dem på medelvärme i någon minut.
- Tillsätt ingefära och vitlök. Stek ytterligare en minut.
- Tillsätt marinerad kyckling och stekta grönsaker. Stek i 4-5 minuter.
- Tillsätt tomatpurén. Blanda väl. Täck med ett lock och koka blandningen på låg värme i 40 minuter, rör om då och då.
- Garnera med korianderblad. Servera varm.

Masala anka i kokosmjölk

Serverar 4

Ingredienser

1 kg/2¼ lb anka, hackad i 12 bitar

Raffinerad vegetabilisk olja för fritering

3 stora potatisar, hackade

750 ml/1¼ liter vatten

4 teskedar kokosolja

1 stor lök, finhackad

100 g/3½ oz kokosmjölk

För kryddblandningen:

2 tsk mald koriander

½ tesked gurkmeja

1 tsk mald svartpeppar

¼ tesked spiskummin

¼ tesked svarta spiskumminfrön

2,5 cm/1 i kanel

9 kryddnejlika

2 gröna kardemummakapslar

8 vitlöksklyftor

2,5 cm/1 tum ingefärsrot

1 tsk maltvinäger

Tillsätt salt efter smak

metod

- Blanda ingredienserna till kryddblandningen och mal till en slät smet.
- Marinera ankan i denna pasta i 2-3 timmar.
- Hetta upp oljan i en kastrull. Tillsätt potatisen och stek den på medelvärme tills den är gyllenbrun. Häll av och ställ åt sidan.
- Hetta upp vattnet i en kastrull. Tillsätt de marinerade ankbitarna och låt sjuda i 40 minuter, rör om då och då. Avsätta.
- Hetta upp kokosolja i en panna. Tillsätt löken och fräs på medelvärme tills den är gyllenbrun.
- Tillsätt kokosmjölk. Koka blandningen i 2 minuter, rör om ofta.
- Ta bort från värmen och tillsätt denna blandning till den kokta ankan. Blanda väl och låt sjuda i 5-10 minuter.
- Garnera med stekt potatis. Servera varm.

Kyckling Dil Bahar

(Krämig kyckling)

Serverar 4

Ingredienser

4-5 matskedar raffinerad vegetabilisk olja

2 lagerblad

5 cm/2 i kanel

3 gröna kardemummakapslar

4 kryddnejlika

2 stora lökar fint hackade

1 tsk ingefärspasta

1 tsk vitlökspasta

2 tsk malen spiskummin

2 tsk mald koriander

½ tesked gurkmeja

4 gröna chili, skuren på längden

750g/1lb 10oz benfri kyckling, skuren i 16 bitar

50g/1¾oz vårlök, finhackad

1 stor grön paprika, finhackad

1 tsk garam masala

Tillsätt salt efter smak

150 g/5½ oz tomatpuré

125 g/4½ oz yoghurt

250 ml/8 fl oz vatten

2 matskedar smör

85 g/3 oz cashewnötter

500 ml/16 fl oz kondenserad mjölk

250ml/8fl oz individuella krämer

1 msk korianderblad, fint hackade

metod

- Hetta upp oljan i en kastrull. Tillsätt lagerblad, kanel, kardemumma och kryddnejlika. Låt dem spraya i 30 sekunder.
- Tillsätt lök, ingefärspasta och vitlökspasta. Stek denna blandning på medelvärme tills löken blir gyllenbrun.
- Tillsätt mald spiskummin, mald koriander, gurkmeja och grön chili. Stek blandningen i 2-3 minuter.
- Lägg i kycklingbitarna. Blanda väl. Stek dem i 5 minuter.
- Tillsätt vårlök, grönpeppar, garam masala och salt. Fortsätt steka i 3-4 minuter.
- Tillsätt tomatpuré, yoghurt och vatten. Blanda väl och täck med lock. Koka blandningen på låg värme i 30 minuter, rör om då och då.

- Medan kycklingblandningen kokar värmer du smöret i en annan panna. Tillsätt cashewnötterna och stek dem på medelvärme tills de blir gyllenbruna. Avsätta.
- Tillsätt kondenserad mjölk och grädde till kycklingblandningen. Blanda väl och fortsätt att sjuda i 5 minuter.
- Tillsätt smör med rostade cashewnötter och blanda väl i 2 minuter.
- Garnera med korianderblad. Servera varm.

Dum ka Murgh

(långlagat kyckling)

Serverar 4

Ingredienser

4 matskedar raffinerad vegetabilisk olja plus extra för fritering

3 stora lökar, skivade

10 mandlar

10 cashewnötter

1 matsked torkad kokos

1 tsk ingefärspasta

1 tsk vitlökspasta

½ tesked gurkmeja

1 tsk chilipulver

Tillsätt salt efter smak

200 g/7 oz yoghurt

1 kg/2¼ lb kyckling, finhackad

1 msk korianderblad, grovt hackade

1 msk myntablad, grovt hackade

½ tesked saffran

metod

- Hetta upp olja för fritering. Tillsätt löken och fräs den på medelvärme tills den blir gyllenbrun. Häll av och ställ åt sidan.
- Blanda mandel, cashewnötter och kokos. Grädda blandningen torr. Mal med tillräckligt med vatten för att göra en slät pasta.
- Hetta upp 4 matskedar olja i en kastrull. Tillsätt ingefärspasta, vitlökspasta, gurkmeja och chilipulver. Stek på medelvärme i 1-2 minuter.
- Tillsätt mandel- och cashewpasta, stekt lök, salt och yoghurt. Koka i 4-5 minuter.

- Lägg över i en ugnssäker form. Tillsätt kyckling, koriander och myntablad. Blanda noggrant.
- Strö saffran på toppen. Stäng med folie och täck tätt med ett lock. Grädda i ugnen vid 180°C (350°F, gasmärke 4) i 40 minuter.
- Servera varm.

Murgh Kheema Masala

(kryddig finhackad kyckling)

Serverar 4

Ingredienser

60 ml/2 fl oz raffinerad vegetabilisk olja

5 cm/2 i kanel

4 kryddnejlika

2 gröna kardemummakapslar

½ tesked spiskummin

2 stora lökar fint hackade

1 tsk mald koriander

½ tsk malen spiskummin

½ tesked gurkmeja

1 tsk chilipulver

2 teskedar ingefärspasta

3 teskedar vitlökspasta

3 tomater, fint hackade

200 g/7 oz frysta ärtor

1 kg/2¼ lb kycklingfärs

75 g/2½ oz cashewnötter, malda

125 g/4½ oz yoghurt

250 ml/8 fl oz vatten

Tillsätt salt efter smak

4 skedar unik grädde

25g/liten 1oz korianderblad, fint hackade

metod

- Hetta upp oljan i en kastrull. Tillsätt kanel, kryddnejlika, kardemumma och spiskummin. Låt dem spraya i 15 sekunder.
- Tillsätt lök, mald koriander, mald spiskummin, gurkmeja och chilipulver. Stek på medelvärme i 1-2 minuter.
- Tillsätt ingefärspasta och vitlökspasta. Fortsätt steka i en minut.
- Tillsätt tomater, ärtor och mald kyckling. Blanda väl. Koka denna blandning på låg värme i 10-15 minuter, rör om då och då.
- Tillsätt yoghurt, vatten och salt. Blanda väl. Täck med lock och låt sjuda i 20-25 minuter.
- Garnera med grädde och korianderblad. Servera varm.

Nawabi fylld kyckling

Serverar 4

Ingredienser

200 g/7 oz yoghurt

2 matskedar citronsaft

½ tesked gurkmeja

Tillsätt salt efter smak

1 kg/2¼ lb kyckling

100 g/3½ oz ströbröd

För fyllningen:

120 ml/4 fl oz raffinerad vegetabilisk olja

1½ teskedar ingefärspasta

1½ teskedar vitlökspasta

2 stora lökar fint hackade

2 gröna chili, finhackad

½ tsk chilipulver

1 kycklingmage, hackad

1 kycklinglever, hackad

200g/7oz ärter

2 morötter, tärnade

50g/1¾oz korianderblad, fint hackade

2 matskedar myntablad, fint hackade

½ tesked mald svartpeppar

½ tsk garam masala

20 cashewnötter, hackade

20 russin

metod

- Blanda yoghurten med citronsaft, gurkmeja och salt tills den blir skum. Marinera kycklingen i denna blandning i 1-2 timmar.
- Till fyllningen, värm oljan i en kastrull. Tillsätt ingefärspasta, vitlökspasta och lök och fräs dem på medelvärme i 1-2 minuter.
- Tillsätt grön chili, chilipulver, kycklingmage och kycklinglever. Blanda väl. Stek i 3-4 minuter.
- Tillsätt ärtor, morötter, korianderblad, myntablad, peppar, garam masala, cashewnötter och russin. Blanda i 2 minuter. Täck med lock och koka på låg värme i 20 minuter, rör om då och då.
- Ta bort från värmen och ställ åt sidan för att svalna.
- Fyll den marinerade kycklingen med denna blandning.
- Rulla den fyllda kycklingen i ströbröd och grädda i en förvärmd ugn vid 200°C (400°F, gasmark 6) i 50 minuter.
- Servera varm.

Murgh ke Nazare

(Kyckling med cheddarost och paneer)

Serverar 4

Ingredienser

Tillsätt salt efter smak

½ matsked ingefärspasta

½ matsked vitlökspasta

Saften av 1 citron

750g/1lb 10oz benfria kycklingbitar, tillplattade

Paneer 75g/2½oz*, riven

250 g finhackad kyckling

75 g/2½ oz cheddarost, riven

1 tsk mald koriander

½ tsk garam masala

½ tesked gurkmeja

125 g/4½ oz khoya*

1 tsk chilipulver

2 ägg, kokta och finhackade

3 tomater, fint hackade

2 gröna chili, finhackad

2 stora lökar fint hackade

2 matskedar hackade korianderblad

½ tsk ingefärapulver

Till såsen:

4 matskedar raffinerad vegetabilisk olja

½ matsked ingefärspasta

½ matsked vitlökspasta

2 stora lökar, hackade

2 gröna chili, finhackad

½ tesked gurkmeja

1 tsk mald koriander

½ tesked mald vitpeppar

½ tsk malen spiskummin

½ tesked torrt ingefärapulver

200 g/7 oz yoghurt

4 cashewnötter, malda

4 mandlar, malda

125 g/4½ oz khoya*

metod

- Blanda salt, ingefärspasta, vitlökspasta och citronsaft. Marinera kycklingen i denna blandning i 1 timme. Avsätta.
- Blanda paneer med mald kyckling, ost, mald koriander, garam masala, gurkmeja och khoya.
- Belägg den marinerade kycklingen med denna blandning. Strö chilipulver, ägg, tomater, grön chili, lök, korianderblad och ingefära på den. Rulla kycklingen som folie och knyt den hårt med snöre.
- Grädda i ugnen vid 200°C (400°F, gasmark 6) i 30 minuter. Avsätta.
- Till såsen, värm oljan i en kastrull. Tillsätt ingefärspasta, vitlökspasta, lök och grön paprika. Stek dem på medelvärme i 2-3 minuter. Tillsätt resterande såsingredienser. Koka i 7-8 minuter.
- Skär kycklingrullen i lagom stora bitar och lägg i en serveringsform. Häll såsen över dem. Servera varm.

Murgh Pasanda

(Kryddiga kycklingbitar)

Serverar 4

Ingredienser

1 tesked gurkmeja

30g/1oz korianderblad, hackade

1 tsk chilipulver

10 g/¼oz myntablad, fint hackade

1 tsk garam masala

5 cm/2 i bitar av rå papaya, hackad

1 tsk ingefärspasta

1 tsk vitlökspasta

Tillsätt salt efter smak

750g/1lb 10oz kycklingbröst, tunt skivad

6 matskedar raffinerad vegetabilisk olja

metod

- Blanda alla ingredienser utom kyckling och olja. Marinera kycklingbitarna i denna blandning i 3 timmar.
- Hetta upp oljan i en panna. Lägg i de marinerade kycklingskivorna och stek på medelvärme tills de är gyllenbruna, vänd då och då. Servera varm.

Murgh Masala

(Kyckling masala)

Serverar 4

Ingredienser

4 matskedar raffinerad vegetabilisk olja

2 stora lökar, rivna

1 tomat, finhackad

Tillsätt salt efter smak

1 kg/2¼ lb kyckling, skuren i 8 bitar

360 ml/12 fl oz vatten

360ml/12fl oz kokosmjölk

För kryddblandningen:

2 matskedar garam masala

1 tsk spiskummin

1½ teskedar vallmofrön

4 röda chili

½ tesked gurkmeja

8 vitlöksklyftor

2,5 cm/1 tum ingefärsrot

metod

- Mal kryddblandningen med tillräckligt med vatten för att göra en slät pasta. Avsätta.
- Hetta upp oljan i en kastrull. Tillsätt löken och fräs på medelvärme tills den är gyllenbrun. Tillsätt kryddblandningen och fräs i 5-6 minuter.
- Tillsätt tomat, salt, kyckling och vatten. Täck med lock och låt sjuda i 20 minuter. Tillsätt kokosmjölk, blanda väl och servera varm.

Bohri kycklingkräm

(Kyckling i krämig sås)

Serverar 4

Ingredienser

3 stora lökar

2,5 cm/1 tum ingefärsrot

8 vitlöksklyftor

6 gröna chili

100g/3½oz korianderblad, fint hackade

3 matskedar myntablad, fint hackade

120 ml vatten

1 kg/2¼ lb kyckling, skuren i 8 bitar

2 matskedar citronsaft

1 tsk mald svartpeppar

250ml/8fl oz individuella krämer

30g/1oz ghee

Tillsätt salt efter smak

metod

- Blanda lök, ingefära, vitlök, grön paprika, korianderblad och myntablad. Mal denna blandning med vatten för att göra en fin pasta.
- Marinera kycklingen med hälften av denna pasta och citronsaft i 1 timme.
- Lägg den marinerade kycklingen i grytan och täck den med resterande pasta. Strö de återstående ingredienserna ovanpå denna blandning.
- Stäng med folie, täck ordentligt med lock och koka på låg värme i 45 minuter. Servera varm.

Jhatpat Murgh

(Snabb kyckling)

Serverar 4

Ingredienser

4 matskedar raffinerad vegetabilisk olja

2 stora lökar, fint skivade

2 teskedar ingefärspasta

Tillsätt salt efter smak

1 kg/2¼ lb kyckling, skuren i 12 bitar

¼ tesked saffran, löst i 2 matskedar mjölk

metod

- Hetta upp oljan i en kastrull. Tillsätt lök och ingefärspasta. Stek dem på medelvärme i 2 minuter.
- Tillsätt salt och kyckling. Koka på låg värme i 30 minuter, rör om ofta. Strö över saffransblandningen. Servera varm.

Grön kyckling curry

Serverar 4

Ingredienser

Tillsätt salt efter smak

En nypa gurkmeja

Saften av 1 citron

1 kg/2¼ lb kyckling, skuren i 12 bitar

3,5 cm ingefärsrot

8 vitlöksklyftor

100g/3½oz korianderblad, hackade

3 gröna chili

4 matskedar raffinerad vegetabilisk olja

2 stora lökar, rivna

½ tsk garam masala

250 ml/8 fl oz vatten

metod

- Blanda salt, gurkmeja och citronsaft. Marinera kycklingen i denna blandning i 30 minuter.
- Mal ingefära, vitlök, korianderblad och chili till en slät massa.
- Hetta upp oljan i en kastrull. Tillsätt pastan tillsammans med den rivna löken och fräs på medelvärme i 2-3 minuter.
- Tillsätt marinerad kyckling, garam masala och vatten. Blanda väl och koka i 40 minuter, rör om ofta. Servera varm.

Murgh Bharta

(bräserad kyckling med ägg)

Serverar 4

Ingredienser

4 matskedar raffinerad vegetabilisk olja

2 stora lökar, fint skivade

500g/1lb 2oz benfri kyckling, tärnad

1 tsk garam masala

½ tesked gurkmeja

Tillsätt salt efter smak

3 tomater, fint skivade

30g/1oz korianderblad, hackade

4 hårdkokta ägg, halverade

metod

- Hetta upp oljan i en kastrull. Fräs löken på medelvärme tills den är gyllenbrun. Tillsätt kyckling, garam masala, gurkmeja och salt. Stek i 5 minuter.
- Tillsätt tomaterna. Blanda väl och koka på låg värme i 30-40 minuter. Garnera med korianderblad och ägg. Servera varm.

Kyckling med Ajowan frön

Serverar 4

Ingredienser

3 matskedar raffinerad vegetabilisk olja

1½ tsk ajowanfrön

2 stora lökar fint hackade

1 tsk ingefärspasta

1 tsk vitlökspasta

4 tomater, fint hackade

2 tsk mald koriander

1 tsk chilipulver

1 tesked gurkmeja

1 kg/2¼ lb kyckling, skuren i 8 bitar

250 ml/8 fl oz vatten

Saften av 1 citron

1 tsk garam masala

Tillsätt salt efter smak

metod

- Hetta upp oljan i en kastrull. Tillsätt ajowan frön. Låt dem spraya i 15 sekunder.
- Tillsätt löken och fräs på medelvärme tills den är gyllenbrun. Tillsätt ingefära, vitlök och tomatpuré. Stek i 3 minuter, rör om då och då.
- Tillsätt alla resterande ingredienser. Blanda väl och täck med lock. Koka i 40 minuter och servera varm.

Spenat Chicken Tikka

Serverar 4

Ingredienser

1 kg/2¼ lb benfri kyckling, skuren i 16 bitar

2 matskedar ghee

1 tesked chaat masala*

2 matskedar citronsaft

Till marinaden:

100 g/3½ oz spenat, hackad

50g/1¾oz korianderblad, malda

1 tsk ingefärspasta

1 tsk vitlökspasta

200 g/7 oz yoghurt

1½ tsk garam masala

metod

- Blanda alla ingredienser till marinaden. Marinera kycklingen i denna blandning i 2 timmar.
- Pensla kycklingen med ghee och grädda i ugnen i 200°C (400°F, gasmärke 6) i 45 minuter. Strö över chaat masala och citronsaft. Servera varm.

Yakhni kyckling

(Kashmiri stil kyckling)

Serverar 4

Ingredienser

3 matskedar raffinerad vegetabilisk olja

1 kg/2¼ lb kyckling, skuren i 8 bitar

400 g/14 oz yoghurt

125 g/4½ oz besan*

2 kryddnejlika

2,5 cm/1 i kanel

6 pepparkorn

1 tesked mald ingefära

2 tsk malen fänkål

Tillsätt salt efter smak

250 ml/8 fl oz vatten

50g/1¾oz korianderblad, hackade

metod

- Hetta upp hälften av oljan i en kastrull. Lägg i kycklingbitarna och stek dem på medelvärme tills de är gyllenbruna. Avsätta.
- Vispa yoghurt med besan till en tjock pasta. Avsätta.
- Hetta upp resterande olja i en kastrull. Tillsätt kryddnejlika, kanel, pepparkorn, mald ingefära, mald fänkål och salt. Stek i 4-5 minuter.
- Tillsätt stekt kyckling, vatten och yoghurtsmet. Blanda väl och låt sjuda i 40 minuter. Garnera med korianderblad. Servera varm.

Chili kyckling

Serverar 4

Ingredienser

3 matskedar raffinerad vegetabilisk olja

4 gröna chili, finhackad

1 tsk ingefärspasta

1 tsk vitlökspasta

3 stora lökar, skivade

250 ml/8 fl oz vatten

750g/1lb 10oz benfri kyckling, hackad

2 stora gröna paprikor, finhackade

2 matskedar sojasås

30g/1oz korianderblad, hackade

Tillsätt salt efter smak

metod

- Hetta upp oljan i en kastrull. Tillsätt grön paprika, ingefärspasta, vitlökspasta och lök. Stek på medelvärme i 3-4 minuter.
- Tillsätt vatten och kyckling. Sjud i 20 minuter.
- Tillsätt alla resterande ingredienser och koka i 20 minuter. Servera varm.

Kyckling med paprika

Serverar 4

Ingredienser

4 matskedar raffinerad vegetabilisk olja

3 stora lökar fint hackade

6 vitlöksklyftor, fint hackade

1 kg/2¼ lb kyckling, skuren i 12 bitar

3 tsk mald koriander

2½ teskedar nymalen svartpeppar

½ tesked gurkmeja

Tillsätt salt efter smak

250 ml/8 fl oz vatten

Saften av 1 citron

50g/1¾oz korianderblad, hackade

metod

- Hetta upp oljan i en kastrull. Tillsätt lök och vitlök och fräs på medelvärme tills de är gyllenbruna.
- Tillsätt kycklingen. Stek i 5 minuter, rör ofta.
- Tillsätt mald koriander, peppar, gurkmeja och salt. Stek i 3-4 minuter.

- Häll vatten, blanda väl och täck med lock. Sjud i 40 minuter.
- Garnera med citronsaft och korianderblad. Servera varm.

Kyckling med fikon

Serverar 4

Ingredienser

4 matskedar raffinerad vegetabilisk olja

2 stora lökar fint hackade

1 tsk ingefärspasta

1 tsk vitlökspasta

1 kg/2¼ lb kyckling, skuren i 12 bitar

250 ml varmt vatten

200 g/7 oz tomatpuré

Tillsätt salt efter smak

2 teskedar maltvinäger

12 torkade fikon, blötlagda i 2 timmar

metod

- Hetta upp oljan i en panna. Tillsätt lök. Stek dem på medelvärme tills de blir genomskinliga. Tillsätt ingefärspasta och vitlökspasta. Stek i 2-3 minuter.
- Tillsätt kyckling och vatten. Täck med lock och låt sjuda i 30 minuter.
- Tillsätt tomatpuré, salt och vinäger. Blanda väl. Låt fikonen rinna av och tillsätt dem i kycklingblandningen. Sjud i 8-10 minuter. Servera varm.

Kryddigt lamm i yoghurt och saffran

Serverar 4

Ingredienser

5 matskedar ghee

1 tsk ingefärspasta

1 tsk vitlökspasta

675 g/1½ lb benfritt lamm, skuren i 3,5 cm/1½ tum bitar

Tillsätt salt efter smak

750 ml/1¼ liter vatten

4 stora lökar, skivade

1 tsk chilipulver

1 tsk garam masala

1 matsked farinsocker, löst i 2 matskedar vatten

3 gröna chili, skurna på längden

30 g/1 oz mald mandel

400 g/14 oz grekisk yoghurt, vispad

10g/¼oz korianderblad, fint hackade

½ tesked saffran, löst i 2 matskedar mjölk

metod

- Värm hälften av ghee i en kastrull. Tillsätt ingefärspasta och vitlökspasta. Stek på medelvärme i 1-2 minuter.

- Tillsätt lammet och salt. Stek i 5-6 minuter.

- Tillsätt vatten och blanda väl. Täck med lock och låt sjuda i 40 minuter, rör om då och då. Avsätta.

- Värm återstående ghee i ett annat kärl. Tillsätt löken och stek den på medelvärme tills den blir genomskinlig.

- Tillsätt chilipulver, garam masala, sockervatten, grön chili och mald mandel. Fortsätt steka i en minut.

- Tillsätt yoghurt och blanda väl. Koka blandningen i 6-7 minuter under omrörning väl.

- Tillsätt denna blandning till lammblandningen. Blanda väl. Täck med lock och låt sjuda i 5 minuter, rör om då och då.

- Garnera med korianderblad och saffran. Servera varm.

Lamm med grönsaker

Serverar 4

Ingredienser

675g/1½lb lamm, skuren i 2,5cm/1in bitar

Tillsätt salt efter smak

½ tesked mald svartpeppar

5 matskedar raffinerad vegetabilisk olja

2 lagerblad

4 gröna kardemummakapsel

4 kryddnejlika

2,5 cm/1 i kanel

2 stora lökar fint hackade

1 tesked gurkmeja

1 msk mald spiskummin

1 tsk chilipulver

1 tsk ingefärspasta

1 tsk vitlökspasta

2 tomater, fint hackade

200g/7oz ärter

1 tsk bockhornsklöverfrön

200 g/7 oz blomkålsbuketter

500 ml/16 fl oz vatten

200 g/7 oz yoghurt

10g/¼oz korianderblad, fint hackade

metod

- Marinera lammet med salt och peppar i 30 minuter.

- Hetta upp oljan i en kastrull. Tillsätt lagerblad, kardemumma, kryddnejlika och kanel. Låt dem spraya i 30 sekunder.

- Tillsätt lök, gurkmeja, mald spiskummin, chilipulver, ingefärspasta och vitlökspasta. Stek dem på medelvärme i 1-2 minuter.

- Tillsätt det marinerade lammet och stek i 6-7 minuter, rör om då och då.

- Tillsätt tomater, ärtor, bockhornsklöverfrön och blomkålsbuketter. Sjud i 3-4 minuter.

- Tillsätt vatten och blanda väl. Täck med lock och låt sjuda i 20 minuter.

- Öppna pannan och tillsätt yoghurten. Rör om väl i en minut, täck igen och koka i 30 minuter, rör om då och då.

- Garnera med korianderblad. Servera varm.

Biff curry med potatis

Serverar 4

Ingredienser

6 korn svartpeppar

3 kryddnejlika

2 baljor svart kardemumma

2,5 cm/1 i kanel

1 tsk spiskummin

4 matskedar raffinerad vegetabilisk olja

3 stora lökar fint hackade

¼ tesked gurkmeja

1 tsk chilipulver

1 tsk ingefärspasta

1 tsk vitlökspasta

750g/1lb 10oz nötkött, malet

2 tomater, fint hackade

3 stora potatisar, skurna i tärningar

½ tsk garam masala

1 matsked citronsaft

Tillsätt salt efter smak

1 liter/1¾ pint vatten

1 msk korianderblad, fint hackade

metod

- Mal pepparkorn, kryddnejlika, kardemumma, kanel och spiskummin till ett fint pulver. Avsätta.

- Hetta upp oljan i en kastrull. Tillsätt löken och fräs den på medelvärme tills den är gyllenbrun.

- Tillsätt malda pepparkorn och kryddnejlikapulver, gurkmeja, chilipulver, ingefärspasta och vitlökspasta. Stek i en minut.

- Tillsätt köttfärs och låt sjuda i 5-6 minuter.

- Tillsätt tomater, potatis och garam masala. Blanda väl och koka i 5-6 minuter.

- Tillsätt citronsaft, salt och vatten. Täck med lock och låt sjuda i 45 minuter, rör om då och då.

- Garnera med korianderblad. Servera varm.

Kryddig lammmasala

Serverar 4

Ingredienser

675g/1½lb lamm, tärnad

3 stora lökar, skivade

750 ml/1¼ liter vatten

Tillsätt salt efter smak

4 matskedar raffinerad vegetabilisk olja

4 lagerblad

¼ tesked spiskummin

¼ tesked senapsfrön

1 tsk ingefärspasta

1 tsk vitlökspasta

2 gröna chili, finhackad

1 msk malda jordnötter

1 matsked chana dhal*, torrrostad och mald

1 tsk chilipulver

¼ tesked gurkmeja

1 tsk garam masala

Saften av 1 citron

50g/1¾oz korianderblad, fint hackade

metod

- Blanda lammet med lök, vatten och salt. Koka denna blandning i en kastrull på medelvärme i 40 minuter. Avsätta.

- Hetta upp oljan i en kastrull. Tillsätt lagerblad, spiskummin och senapsfrön. Låt dem spraya i 30 sekunder.

- Tillsätt ingefärspasta, vitlökspasta och grönpeppar. Stek dem på medelvärme i en minut, rör hela tiden.

- Tillsätt malda jordnötter, chana dhal, chilipulver, gurkmeja och garam masala. Fortsätt steka i 1-2 minuter.

- Tillsätt lammblandningen. Blanda väl. Täck med lock och låt sjuda i 45 minuter, rör om då och då.

- Strö över citronsaft och korianderblad och servera varma.

Rogan Josh

(Kashmiri lamm curry)

Serverar 4

Ingredienser

Saften av 1 citron

200 g/7 oz yoghurt

Tillsätt salt efter smak

750g/1lb 10oz lamm, hackad i 2,5 cm/1in bitar

75 g/2½ oz ghee plus fritös

2 stora lökar, fint skivade

2,5 cm/1 i kanel

3 kryddnejlika

4 gröna kardemummakapsel

1 tsk ingefärspasta

1 tsk vitlökspasta

1 tsk mald koriander

1 tsk malen spiskummin

3 stora tomater, finhackade

750 ml/1¼ liter vatten

10g/¼oz korianderblad, fint hackade

metod

- Blanda citronsaft, yoghurt och salt. Marinera lammet i denna blandning i en timme.

- Hetta upp ghee för fritering i en panna. Tillsätt löken och fräs den på medelvärme tills den blir gyllenbrun. Häll av och ställ åt sidan.

- Värm resterande ghee i en kastrull. Tillsätt kanel, kryddnejlika och kardemumma. Låt dem spraya i 15 sekunder.

- Tillsätt det marinerade lammet och stek på medelvärme i 6-7 minuter.

- Tillsätt ingefärspasta och vitlökspasta. Sjud i 2 minuter.

- Tillsätt mald koriander, mald spiskummin och tomater, blanda väl och koka ytterligare en minut.

- Lägg till vatten. Täck med lock och låt sjuda i 40 minuter, rör om då och då.

- Garnera med korianderblad och stekt lök. Servera varm.

Grillade revbensspjäll

Serverar 4

Ingredienser

6 gröna chili

5 cm/2 i ingefärsrot

15 vitlöksklyftor

¼ liten rå papaya, mald

200 g/7 oz yoghurt

2 matskedar raffinerad vegetabilisk olja

2 matskedar citronsaft

Tillsätt salt efter smak

750g/1lb 10oz revben, hackade i 4 bitar

metod

- Mal grön chili, ingefära, vitlök och rå papaya med tillräckligt med vatten för att göra en tjock pasta.

- Blanda denna pasta med de återstående ingredienserna, förutom revbenen. Marinera revbenen i denna blandning i 4 timmar.

- Grilla de marinerade revbenen i 40 minuter, vänd då och då. Servera varm.

Nötkött med kokosmjölk

Serverar 4

Ingredienser

5 matskedar raffinerad vegetabilisk olja

675g/1½lb nötkött, skuren i 5 cm/2in strimlor

3 stora lökar fint hackade

8 vitlöksklyftor, fint hackade

2,5 cm/1 tum ingefärsrot, finhackad

2 gröna chili, skuren på längden

2 tsk mald koriander

2 tsk malen spiskummin

2,5 cm/1 i kanel

Tillsätt salt efter smak

500 ml/16 fl oz vatten

500 ml/16 fl oz kokosmjölk

metod

- Hetta upp 3 matskedar olja i en panna. Lägg i nötköttsstrimlorna i omgångar och stek på låg värme i 12-15 minuter, vänd då och då. Häll av och ställ åt sidan.

- Hetta upp resterande olja i en kastrull. Tillsätt lök, vitlök, ingefära och grön chili. Stek på medelvärme i 2-3 minuter.

- Tillsätt de stekta biffstrimlorna, malen koriander, mald spiskummin, kanel, salt och vatten. Sjud i 40 minuter.

- Tillsätt kokosmjölk. Koka i 20 minuter, rör om ofta. Servera varm.

Fläskkebab

Serverar 4

Ingredienser

100ml/3½fl oz senapsolja

3 matskedar citronsaft

1 liten lök, finhackad

2 teskedar vitlökspasta

1 tsk senapspulver

1 tsk mald svartpeppar

Tillsätt salt efter smak

600 g/1 lb 5 oz benfritt fläsk, skuren i 3,5 cm/1½ tum bitar

metod

- Blanda alla ingredienser, utom fläsket. Marinera fläsket över natten i denna blandning.

- Spett det marinerade fläsket och grilla i 30 minuter. Servera varm.

Biff Chili Fry

Serverar 4

Ingredienser

750g/1lb 10oz nötkött, hackat i 2,5 cm/1in bitar

6 korn svartpeppar

3 stora lökar, skivade

1 liter/1¾ pint vatten

Tillsätt salt efter smak

4 matskedar raffinerad vegetabilisk olja

2,5 cm/1 tum ingefärsrot, finhackad

8 vitlöksklyftor, fint hackade

4 gröna chili

1 matsked citronsaft

50g/1¾oz korianderblad

metod

- Blanda nötköttet med pepparkorn, 1 lök, vatten och salt. Koka denna blandning i en kastrull på medelvärme i 40 minuter. Häll av och ställ åt sidan. Reservera förnödenheter.

- Hetta upp oljan i en kastrull. Fräs den återstående löken på medelvärme tills den är gyllenbrun. Tillsätt ingefära, vitlök och grön chili. Stek i 4-5 minuter.

- Tillsätt citronsaft och köttblandning. Fortsätt koka i 7-8 minuter. Lägg till reserverat lager.

- Täck med lock och låt sjuda i 40 minuter, rör om då och då. Tillsätt korianderblad och blanda väl. Servera varm.

Skotsk nötkött ägg

Serverar 4

Ingredienser

500g/1lb 2oz nötkött, malet

Tillsätt salt efter smak

1 liter/1¾ pint vatten

3 skedar besan*

1 ägg, uppvispat

25g/liten 1oz myntablad, finhackad

25g/liten 1oz korianderblad, hackade

8 hårdkokta ägg

Raffinerad vegetabilisk olja för fritering

metod

- Blanda köttet med salt och vatten. Koka i en kastrull på låg värme i 45 minuter. Mal till en pasta och blanda med besan, uppvispat ägg, mynta och korianderblad. Linda denna blandning runt de kokta äggen.
- Hetta upp oljan i en panna. Tillsätt de inslagna äggen och stek dem på medelvärme tills de är gyllenbruna. Servera varm.

Torrt nötkött Malabar-stil

Serverar 4

Ingredienser

675 g/1½ lb nötkött, tärnad

4 matskedar raffinerad vegetabilisk olja

3 stora lökar, skivade

1 tomat, finhackad

100g/3½oz torkad kokosnöt

1 tsk chilipulver

1 tsk garam masala

1 tsk mald koriander

1 tsk malen spiskummin

Tillsätt salt efter smak

1 liter/1¾ pint vatten

För kryddblandningen:

3,5 cm ingefärsrot

6 gröna chili

1 matsked mald koriander

10 curryblad

1 matsked vitlökspasta

metod

- Mal alla ingredienserna i kryddblandningen till en tjock pasta. Marinera nötköttet i denna blandning i en timme.
- Hetta upp oljan i en kastrull. Fräs löken på medelvärme tills den är gyllenbrun. Lägg i köttet och stek i 6-7 minuter.
- Tillsätt resterande ingredienser. Koka i 40 minuter och servera varm.

Moghlai lammkotletter

Serverar 4

Ingredienser

5 cm/2 i ingefärsrot

8 vitlöksklyftor

6 torra röda chili

2 teskedar citronsaft

Tillsätt salt efter smak

8 lammkotletter vispade och tillplattade

150 g/5½ oz ghee

2 stora potatisar, skivade och friterade

2 stora lökar

metod

- Mal ingefära, vitlök och röd chili med citronsaft, salt och tillräckligt med vatten för att göra en slät pasta. Marinera kotletterna i denna blandning i 4-5 timmar.
- Hetta upp ghee i en panna. Tillsätt marinerade kotletter och stek på medelvärme i 8-10 minuter.
- Tillsätt lök och stekt potatis. Koka i 15 minuter. Servera varm.

Nötkött med okra

Serverar 4

Ingredienser

4½ matskedar raffinerad vegetabilisk olja

200 g/7 oz okra

2 stora lökar fint hackade

2,5 cm/1 tum ingefärsrot, finhackad

4 vitlöksklyftor, fint hackade

750g/1lb 10oz nötkött, hackat i 2,5 cm/1in bitar

4 torkade röda chili

1 matsked mald koriander

½ sked mald spiskummin

1 tsk garam masala

2 tomater, fint hackade

Tillsätt salt efter smak

1 liter/1¾ pint vatten

metod

- Hetta upp 2 matskedar olja i en panna. Tillsätt okra och stek på medelvärme tills det är knaprigt och brunt. Häll av och ställ åt sidan.
- Hetta upp resterande olja i en kastrull. Fräs löken på medelvärme tills den blir genomskinlig. Tillsätt ingefära och vitlök. Stek i en minut.
- Tillsätt nötköttet. Stek i 5-6 minuter. Tillsätt alla resterande ingredienser och okra. Koka i 40 minuter, rör om ofta. Servera varm.

Beef baffad

(nötkött tillagat med kokos och vinäger)

Serverar 4

Ingredienser

675 g/1½ lb nötkött, tärnad

Tillsätt salt efter smak

1 liter/1¾ pint vatten

1 tesked gurkmeja

½ tesked svartpepparkorn

½ tesked spiskummin

5-6 kryddnejlika

2,5 cm/1 i kanel

12 vitlöksklyftor, fint hackade

2,5 cm/1 tum ingefärsrot, finhackad

100g/3½oz färsk kokos, riven

6 matskedar maltvinäger

5 matskedar raffinerad vegetabilisk olja

2 stora lökar fint hackade

metod

- Blanda nötköttet med salt och vatten och koka i en gryta på medelvärme i 45 minuter, rör om då och då. Avsätta.
- Mal övriga ingredienser, förutom olja och lök.
- Hetta upp oljan i en kastrull. Tillsätt den malda blandningen och löken.
- Stek på medelvärme i 3-4 minuter. Tillsätt köttblandningen. Koka i 20 minuter, rör om då och då. Servera varm.

Badami Gosht

(Lamm med mandel)

Serverar 4

Ingredienser

5 matskedar ghee

3 stora lökar fint hackade

12 pressade vitlökar

3,5 cm/1½in ingefärarot, finhackad

750g/1lb 10oz lamm, hackat

75 g/2½ oz mald mandel

1 msk garam masala

Tillsätt salt efter smak

250 g/9 oz yoghurt

360ml/12fl oz kokosmjölk

500 ml/16 fl oz vatten

metod

- Hetta upp ghee i en kastrull. Tillsätt alla ingredienser utom yoghurt, kokosmjölk och vatten. Blanda väl. Sjud på låg värme i 10 minuter.
- Tillsätt resterande ingredienser. Sjud i 40 minuter. Servera varm.

Indisk rostbiff

Serverar 4

Ingredienser

30 g/1 oz cheddarost, riven

½ tesked mald svartpeppar

1 tsk chilipulver

10g/¼oz korianderblad, hackade

10 g/¼oz myntablad, fint hackade

1 tsk ingefärspasta

1 tsk vitlökspasta

25 g/liten 1 oz brödsmulor

1 ägg, uppvispat

Tillsätt salt efter smak

675g/1½lb benfritt nötkött, tillplattat och hackat i 8 bitar

5 matskedar raffinerad vegetabilisk olja

500 ml/16 fl oz vatten

metod

- Blanda alla ingredienser utom kött, olja och vatten.
- Applicera denna blandning på ena sidan av varje bit nötkött. Rulla varje och knyt med snöre för att stänga.
- Hetta upp oljan i en kastrull. Lägg i rullarna och stek på medelvärme i 8 minuter. Tillsätt vatten och blanda väl. Sjud i 30 minuter. Servera varm.

Khatta Pudina kotletter

(Tuffa mintkotletter)

Serverar 4

Ingredienser

1 tsk malen spiskummin

1 matsked mald vitpeppar

2 teskedar garam masala

5 teskedar citronsaft

4 skedar unik grädde

150 g yoghurt

250 ml/8 fl oz mintchutney

2 matskedar majsmjöl

¼ liten papaya, mald

1 matsked vitlökspasta

1 matsked ingefärspasta

1 tsk malen bockhornsklöver

Tillsätt salt efter smak

675 g/1½ lb lammkotletter

Raffinerad vegetabilisk olja för bastning

metod

- Blanda alla ingredienser utom lammkotletter och olja. Marinera kotletterna i denna blandning i 5 timmar.
- Belägg kotletterna med olja och grilla i 15 minuter. Servera varm.

Indisk biff

Serverar 4

Ingredienser

675 g/1½ lb nötkött, skuren i biffar

3,5 cm/1½in ingefärarot, finhackad

12 vitlöksklyftor, fint hackade

2 matskedar mald svartpeppar

4 medelstora lökar, finhackade

4 gröna chili, finhackad

3 matskedar vinäger

750 ml/1¼ liter vatten

Tillsätt salt efter smak

5 matskedar raffinerad vegetabilisk olja plus extra för stekning

metod

- Blanda alla ingredienser, förutom oljan för stekning, i en kastrull.
- Täck med ett tättslutande lock och koka i 45 minuter, rör om då och då.
- Hetta upp resterande olja i en kastrull. Tillsätt den kokta biffblandningen och fräs på medelvärme i 5-7 minuter, vänd då och då. Servera varm.

Lamm i grön sås

Serverar 4

Ingredienser

4 matskedar raffinerad vegetabilisk olja

3 stora lökar, rivna

1½ teskedar ingefärspasta

1 tsk vitlökspasta

675g/1½lb lamm, skuren i 2,5cm/1in bitar

½ tesked mald kanel

½ tesked mald kryddnejlika

½ tesked mald svart kardemumma

6 torra röda chili, malda

2 tsk mald koriander

½ tsk malen spiskummin

10g/¼oz korianderblad, fint hackade

4 tomater, mosade

Tillsätt salt efter smak

500 ml/16 fl oz vatten

metod

- Hetta upp oljan i en kastrull. Tillsätt lök, ingefärspasta och vitlökspasta. Stek på medelvärme i 2-3 minuter.

- Tillsätt alla resterande ingredienser, utom vatten. Blanda väl och stek i 8-10 minuter. Lägg till vatten. Täck med lock och låt sjuda i 40 minuter, rör om då och då. Servera varm.

Enkel lammfärs

Serverar 4

Ingredienser

3 matskedar senapsolja

2 stora lökar fint hackade

7,5 cm/3 tum ingefärsrot, finhackad

2 tsk grovmalen svartpeppar

2 tsk malen spiskummin

Tillsätt salt efter smak

1 tesked gurkmeja

750g/1lb 10oz malet lamm

500 ml/16 fl oz vatten

metod

- Hetta upp oljan i en kastrull. Tillsätt lök, ingefära, peppar, mald spiskummin, salt och gurkmeja. Stek i 2 minuter. Tillsätt köttfärs. Stek i 8-10 minuter.
- Lägg till vatten. Blanda väl och låt sjuda i 30 minuter. Servera varm.

Fläsk sorpotel

(Fläsklever tillagad i goansås)

Serverar 4

Ingredienser

250 ml/8 fl oz maltvinäger

8 torra röda chili

10 korn svartpeppar

1 tsk spiskummin

1 matsked korianderfrön

1 tesked gurkmeja

500g/1lb 2oz fläsk

250g/9oz lever

Tillsätt salt efter smak

1 liter/1¾ pint vatten

120 ml/4 fl oz raffinerad vegetabilisk olja

5 cm/2in ingefära rot, finhackad

20 vitlöksklyftor, fint hackade

6 gröna chili, skuren på längden

metod

- Mal hälften av vinägern med röd chili, pepparkorn, spiskummin, korianderfrön och gurkmeja till en fin pasta. Avsätta.
- Blanda fläsk och lever med salt och vatten. Koka i en kastrull i 30 minuter. Låt rinna av och spara fonden. Tärna fläsket och levern. Avsätta.
- Hetta upp oljan i en kastrull. Tillsätt köttet skuret i tärningar och stek på låg värme i 12 minuter. Tillsätt pastan och alla övriga ingredienser. Blanda väl.
- Stek i 15 minuter. Tillsätt lager. Sjud i 15 minuter. Servera varm.

Inlagt lamm

Serverar 4

Ingredienser

750g/1lb 10oz lamm, skuren i tunna strimlor

Tillsätt salt efter smak

1 liter/1¾ pint vatten

6 matskedar raffinerad vegetabilisk olja

1 tesked gurkmeja

4 matskedar citronsaft

2 matskedar mald spiskummin, torrrostad

4 matskedar mald sesam

7,5 cm/3 tum ingefärsrot, finhackad

12 vitlöksklyftor, fint hackade

metod

- Blanda lammet med salt och vatten och koka i en gryta på medelvärme i 40 minuter. Häll av och ställ åt sidan.
- Hetta upp oljan i en panna. Tillsätt lammet och stek på medelvärme i 10 minuter. Häll av och blanda med resten av ingredienserna. Servera kall.

Haleem

(fårkött i persisk stil)

Serverar 4

Ingredienser

500g/1lb 2oz vete, blötlagt i 2-3 timmar och dränerat

1,5 liter/2¾ pints vatten

Tillsätt salt efter smak

500g/1lb 2oz fårkött, tärnad

4-5 matskedar ghee

3 stora lökar, skivade

1 tsk ingefärspasta

1 tsk vitlökspasta

1 tesked gurkmeja

1 tsk garam masala

metod

- Blanda vetet med 250 ml vatten och lite salt. Koka i en kastrull på medelvärme i 30 minuter. Mosa väl och ställ åt sidan.
- Koka fårköttet med resterande vatten och salt i en kastrull i 45 minuter. Häll av och mal till en fin pasta. Reservera förnödenheter.
- Värm upp ghee. Fräs löken på låg värme tills den blir gyllenbrun. Tillsätt ingefärspasta, vitlökspasta, gurkmeja och köttfärs. Stek i 8 minuter. Tillsätt vete, fond och garam masala. Koka i 20 minuter. Servera varm.

Gröna Masala fårköttskotletter

Serverar 4

Ingredienser

675 g/1½ lb lammkotletter

Tillsätt salt efter smak

1 tesked gurkmeja

500 ml/16 fl oz vatten

2 matskedar mald koriander

1 tsk malen spiskummin

1 matsked ingefärspasta

1 matsked vitlökspasta

100g/3½oz korianderblad, hackade

1 tsk citronsaft

1 tsk mald svartpeppar

1 tsk garam masala

60g/2oz vanligt vitt mjöl

Raffinerad vegetabilisk olja för stekning

2 ägg, vispade

50 g/1¾oz brödsmulor

metod

- Blanda fårköttet med salt, gurkmeja och vatten. Koka i en kastrull på medelvärme i 30 minuter. Häll av och ställ åt sidan.
- Blanda övriga ingredienser utom mjöl, olja, ägg och ströbröd.
- Belägg kotletterna med denna blandning och strö över dem med mjöl.
- Hetta upp oljan i en panna. Doppa kotletterna i ägg, rulla i ströbröd och fräs tills de är gyllenbruna. Vänd och upprepa. Servera varm.

Lammlever med bockhornsklöver

Serverar 4

Ingredienser

4 matskedar raffinerad vegetabilisk olja

2 stora lökar fint hackade

¾ tesked ingefärspasta

¾ tesked vitlökspasta

50 g/1¾oz bockhornsklöver blad, hackade

600g/1lb 5oz lammlever, tärnad

3 tomater, fint hackade

1 tsk garam masala

120 ml varmt vatten

1 matsked citronsaft

Tillsätt salt efter smak

metod

- Hetta upp oljan i en kastrull. Fräs löken på medelvärme tills den blir genomskinlig. Tillsätt ingefärspasta och vitlökspasta. Stek i 1-2 minuter.
- Tillsätt bockhornsklöver blad och lever. Sjud i 5 minuter.

- Tillsätt resterande ingredienser. Koka i 40 minuter och servera varm.

Hussaini nötkött

(nötkött tillagat i sås i nordindisk stil)

Serverar 4

Ingredienser

4 matskedar raffinerad vegetabilisk olja

675 g/1½ lb nötkött, fint hackat

125 g/4½ oz yoghurt

Tillsätt salt efter smak

750 ml/1¼ liter vatten

För kryddblandningen:

4 stora lökar

8 vitlöksklyftor

2,5 cm/1 tum ingefärsrot

2 teskedar garam masala

1 tesked gurkmeja

2 tsk mald koriander

1 tsk malen spiskummin

metod

- Mal ingredienserna till kryddblandningen till en tjock pasta.
- Hetta upp oljan i en kastrull. Tillsätt pastan och stek den på medelvärme i 4-5 minuter. Tillsätt nötköttet. Blanda väl och stek i 8-10 minuter.
- Tillsätt yoghurt, salt och vatten. Blanda väl. Täck med lock och låt sjuda i 40 minuter, rör om då och då. Servera varm.

Matthew Lamb

(Lamm med bockhornsklöver)

Serverar 4

Ingredienser

120 ml/4 fl oz raffinerad vegetabilisk olja

1 stor lök, finhackad

6 vitlöksklyftor, fint hackade

600g/1lb 5oz lamm, tärnad

50 g/1¾oz färska bockhornsklöverblad, finhackade

½ tesked gurkmeja

1 tsk mald koriander

125 g/4½ oz yoghurt

600 ml/1 liter vatten

½ tsk mald grön kardemumma

Tillsätt salt efter smak

metod

- Hetta upp oljan i en kastrull. Tillsätt lök och vitlök och fräs på medelvärme i 4 minuter.
- Tillsätt lammet. Stek i 7-8 minuter. Tillsätt resterande ingredienser. Blanda väl och låt sjuda i 45 minuter. Servera varm.

Nötkött indad

(nötkött tillagat i ostindisk sås)

Serverar 4

Ingredienser

675 g/1½ lb nötkött, hackat

2,5 cm/1 i kanel

6 kryddnejlika

Tillsätt salt efter smak

1 liter/1¾ pint vatten

5 matskedar raffinerad vegetabilisk olja

3 stora potatisar, skurna i skivor

För kryddblandningen:

60 ml/2 fl oz maltvinäger

3 stora lökar

2,5 cm/1 tum ingefärsrot

8 vitlöksklyftor

½ tesked gurkmeja

2 torra röda chili

2 teskedar spiskummin

metod

- Blanda nötköttet med kanel, kryddnejlika, salt och vatten. Koka i en kastrull på medelvärme i 45 minuter. Avsätta.
- Mal ingredienserna till kryddblandningen till en tjock pasta.
- Hetta upp oljan i en kastrull. Tillsätt kryddblandningen och stek på låg värme i 5-6 minuter. Tillsätt nötkött och potatis. Blanda väl. Sjud i 15 minuter och servera varm.

Lammgryta

Serverar 4

Ingredienser

3 matskedar raffinerad vegetabilisk olja

2 stora lökar fint hackade

4 vitlöksklyftor, fint hackade

500g/1lb 2oz lamm, malet

2 tsk malen spiskummin

6 matskedar tomatpuré

150 g konserverade bönor

250 ml köttbuljong

Mald svartpeppar efter smak

Tillsätt salt efter smak

metod

- Hetta upp oljan i en kastrull. Tillsätt lök och vitlök och fräs på medelvärme i 2-3 minuter. Tillsätt köttfärs och låt sjuda i 10 minuter. Tillsätt resterande ingredienser. Blanda väl och låt sjuda i 30 minuter.
- Lägg över i en ugnssäker form. Grädda i ugnen i 180°C (350°F, gasmärke 4) i 25 minuter. Servera varm.

Lamm smaksatt med kardemumma

Serverar 4

Ingredienser

Tillsätt salt efter smak

200 g/7 oz yoghurt

1½ matskedar ingefärspasta

2½ teskedar vitlökspasta

2 matskedar mald grön kardemumma

675g/1½lb lamm, hackad i 3,5cm/1½in bitar

6 matskedar ghee

6 kryddnejlika

7,5 cm/3 i kanel, grovmalen

4 stora lökar fint hackade

½ tesked saffran, indränkt i 2 matskedar mjölk

1 liter/1¾ pint vatten

125 g/4½ oz rostade valnötter

metod

- Blanda salt, yoghurt, ingefärspasta, vitlökspasta och kardemumma. Marinera köttet i denna blandning i 2 timmar.
- Hetta upp ghee i en kastrull. Tillsätt kryddnejlika och kanel. Låt dem spraya i 15 sekunder.
- Tillsätt lök. Stek i 3-4 minuter. Tillsätt marinerat kött, saffran och vatten. Blanda väl. Täck med lock och låt sjuda i 40 minuter.
- Servera varm, garnerad med valnötter.

Kheema

(Köttfärs)

Serverar 4

Ingredienser

5 matskedar raffinerad vegetabilisk olja

4 stora lökar fint hackade

1 tsk ingefärspasta

1 tsk vitlökspasta

3 tomater, fint hackade

2 teskedar garam masala

200 g/7 oz frysta ärtor

Tillsätt salt efter smak

675 g/1½ lb nötkött, malet

500 ml/16 fl oz vatten

metod

- Hetta upp oljan i en kastrull. Tillsätt löken och fräs på medelvärme tills den är gyllenbrun. Tillsätt ingefärspasta, vitlökspasta, tomater, garam masala, ärtor och salt. Blanda väl. Stek i 3-4 minuter.
- Tillsätt nötkött och vatten. Blanda väl. Koka i 40 minuter och servera varm.

Kryddig fläskstek

Serverar 4

Ingredienser

675 g/1½ lb fläsk, tärnad

2 stora lökar fint hackade

1 tesked raffinerad vegetabilisk olja

1 liter/1¾ pint vatten

Tillsätt salt efter smak

För kryddblandningen:

250 ml vinäger

2 stora lökar

1 matsked ingefärspasta

1 matsked vitlökspasta

1 matsked mald svartpeppar

1 matsked grön chili

1 matsked gurkmeja

1 msk chilipulver

1 matsked kryddnejlika

5 cm/2 i kanel

1 matsked gröna kardemummaskidor

metod

- Mal ingredienserna till kryddblandningen till en tjock pasta.
- Blanda med resterande ingredienser i grytan. Täck med ett tätt lock och låt sjuda i 50 minuter. Servera varm.

Tandoori Raan

(Kryddiga lammlår tillagade i tandoor)

Serverar 4

Ingredienser

675g/1½lb lammlår

400 g/14 oz yoghurt

2 matskedar citronsaft

2 teskedar ingefärspasta

2 teskedar vitlökspasta

1 tsk mald kryddnejlika

1 tsk mald kanel

2 tsk chilipulver

1 tsk muskot, riven

En nypa mace

Tillsätt salt efter smak

Raffinerad vegetabilisk olja för bastning

metod

- Pricka lammet överallt med en gaffel.
- Blanda de övriga ingredienserna, förutom oljan, väl. Marinera lammet i denna blandning i 4-6 timmar.
- Stek lammet i ugnen vid 180°C (350°F, gasmark 4) i 1½-2 timmar, tråckla då och då. Servera varm.

Talaa lamm

(bakat lamm)

Serverar 4

Ingredienser

675g/1½lb lamm, skuren i 5 cm/2in bitar

Tillsätt salt efter smak

1 liter/1¾ pint vatten

4 matskedar ghee

2 stora lökar, skivade

För kryddblandningen:

8 torra chili

1 tesked gurkmeja

1½ tsk garam masala

2 teskedar vallmofrön

3 stora lökar fint hackade

1 tsk tamarindpasta

metod

- Mal ingredienserna till kryddblandningen med vatten till en tjock pasta.
- Blanda denna pasta med kött, salt och vatten. Koka i en kastrull på medelvärme i 40 minuter. Avsätta.
- Hetta upp ghee i en kastrull. Tillsätt löken och fräs på medelvärme tills den är gyllenbrun. Tillsätt köttblandningen. Sjud i 6-7 minuter och servera varm.

Stuvad tunga

Serverar 4

Ingredienser

900g/2lb nöttunga

Tillsätt salt efter smak

1 liter/1¾ pint vatten

1 tesked ghee

3 stora lökar fint hackade

5 cm/2in ingefära rot, skuren

4 tomater, fint hackade

125 g/4½ oz frysta ärtor

10 g/¼oz myntablad, fint hackade

1 tsk maltvinäger

1 tsk mald svartpeppar

½ tsk garam masala

metod

- Lägg tungan i en kastrull med salt och vatten och koka på medelvärme i 45 minuter. Låt rinna av och svalna kort. Skala skinnet och skär i strimlor. Avsätta.
- Hetta upp ghee i en kastrull. Tillsätt lök och ingefära och fräs på medelvärme i 2-3 minuter. Tillsätt den kokta tungan och alla resterande ingredienser. Sjud i 20 minuter. Servera varm.

Stekt fårkött

Serverar 4

Ingredienser

75 g/2½ oz cheddarost, riven

½ tesked mald svartpeppar

1 tsk ingefärspasta

1 tsk vitlökspasta

3 ägg, vispade

50g/1¾oz korianderblad, hackade

100 g/3½ oz ströbröd

Tillsätt salt efter smak

675 g/1½lb benfritt fårkött, skuren i 10 cm/4 tum bitar och tillplattad

4 matskedar ghee

250 ml/8 fl oz vatten

metod

- Blanda alla ingredienser utom kött, ghee och vatten. Applicera blandningen på ena sidan av köttbiten. Rulla varje del hårt och knyt med snöre.
- Hetta upp ghee i en panna. Tillsätt fårköttet och stek på medelvärme tills det är gyllenbrunt. Lägg till vatten. Sjud i 15 minuter och servera varm.

Masala stekt lever

Serverar 4

Ingredienser

4 matskedar raffinerad vegetabilisk olja

675g/1½lb lammlever, skuren i 5 cm/2in remsor

2 matskedar ingefära, finhackad

15 vitlöksklyftor, fint hackade

8 gröna chili, skuren på längden

2 tsk malen spiskummin

1 tesked gurkmeja

125 g/4½ oz yoghurt

1 tsk mald svartpeppar

Tillsätt salt efter smak

50g/1¾oz korianderblad, hackade

Saften av 1 citron

metod

- Hetta upp oljan i en kastrull. Lägg i leverremsorna och stek dem på medelvärme i 10-12 minuter.
- Tillsätt ingefära, vitlök, grön chili, spiskummin och gurkmeja. Stek i 3-4 minuter. Tillsätt yoghurt, peppar och salt. Sjud i 6-7 minuter.
- Tillsätt korianderblad och citronsaft. Sjud på låg värme i 5-6 minuter. Servera varm.

Kryddig bifftunga

Serverar 4

Ingredienser

900g/2lb nöttunga

Tillsätt salt efter smak

1,5 liter/2¾ pints vatten

2 teskedar spiskummin

12 vitlöksklyftor

5 cm/2 i kanel

4 kryddnejlika

6 torra röda chili

8 korn svartpeppar

6 matskedar maltvinäger

3 matskedar raffinerad vegetabilisk olja

2 stora lökar fint hackade

3 tomater, fint hackade

1 tesked gurkmeja

metod

- Koka tungan med salt och 1,2 liter/2 liter vatten i en gryta på låg värme i 45 minuter. Dra av huden. Skär tungorna i tärningar och ställ åt sidan.
- Mal spiskummin, vitlök, kanel, kryddnejlika, torra röda chili och pepparkorn med vinäger för att göra en slät pasta. Avsätta.
- Hetta upp oljan i en kastrull. Fräs löken på medelvärme tills den blir genomskinlig. Tillsätt mald pasta, tärnad tunga, tomater, gurkmeja och resterande vatten. Sjud i 20 minuter och servera varm.

Pasande av lamm

(Lamkebab i yoghurtjuice)

Serverar 4

Ingredienser

½ matsked raffinerad vegetabilisk olja

3 stora lökar, skivade på längden

¼ liten omogen papaya, mald

200 g/7 oz yoghurt

2 teskedar garam masala

Tillsätt salt efter smak

750g/1lb 10oz benfritt lamm, skuren i 5 cm/2in bitar

metod

- Hetta upp oljan i en kastrull. Fräs löken på låg värme tills den blir gyllenbrun.
- Låt rinna av och mal löken till en pasta. Blanda med resterande ingredienser, förutom lammet. Marinera lammet i denna blandning i 5 timmar.
- Lägg i en pajform och grädda i ugnen i 180°C (350°F, gasmark 4) i 30 minuter. Servera varm.

Lamm och äpple curry

Serverar 4

Ingredienser

5 matskedar raffinerad vegetabilisk olja

4 stora lökar, skivade

4 stora tomater, blancherade (se matlagningstekniker)

½ tesked vitlökspasta

2 tsk mald koriander

2 tsk malen spiskummin

1 tsk chilipulver

30g/1oz cashewnötter, malda

750 g/1 lb 10 oz benfritt lamm, skuren i 2,5 cm/1 tum bitar

200 g/7 oz yoghurt

1 tsk mald svartpeppar

Tillsätt salt efter smak

750 ml/1¼ liter vatten

4 äpplen, hackade i 3,5 cm/1½ tums bitar

120 ml/4 fl oz färsk engångskräm

metod

- Hetta upp oljan i en panna. Fräs löken på låg värme tills den blir gyllenbrun.
- Tillsätt tomater, vitlökspasta, koriander och spiskummin. Stek i 5 minuter.
- Tillsätt resterande ingredienser förutom vatten, äpple och grädde. Blanda väl och låt sjuda i 8-10 minuter.
- Häll i vattnet. Sjud i 40 minuter. Tillsätt äpplen och blanda i 10 minuter. Tillsätt grädden och blanda i ytterligare 5 minuter. Servera varm.

Andhra stil torrt fårkött

Serverar 4

Ingredienser

675 g/1½ lb fårkött, hackat

4 stora lökar fint hackade

6 tomater, fint hackade

1½ teskedar ingefärspasta

1½ teskedar vitlökspasta

50g/1¾oz färsk kokos, riven

2½ matskedar garam masala

½ tesked mald svartpeppar

1 tesked gurkmeja

Tillsätt salt efter smak

500 ml/16 fl oz vatten

6 matskedar raffinerad vegetabilisk olja

metod

- Blanda alla ingredienser utom olja. Koka i en kastrull på medelvärme i 40 minuter. Låt köttet rinna av och släng fonden.

- Hetta upp oljan i en annan panna. Tillsätt det tillagade köttet och stek på medelvärme i 10 minuter. Servera varm.

En enkel biffcurry

Serverar 4

Ingredienser

3 matskedar raffinerad vegetabilisk olja

2 stora lökar fint hackade

750g/1lb 10oz nötkött, hackat i 2,5 cm/1in bitar

1 tsk ingefärspasta

1 tsk vitlökspasta

1 tsk chilipulver

½ tesked gurkmeja

Tillsätt salt efter smak

300g/10oz yoghurt

1,2 liter/2 pints vatten

metod

- Hetta upp oljan i en kastrull. Fräs löken på låg värme tills den blir gyllenbrun.
- Tillsätt övriga ingredienser förutom yoghurt och vatten. Stek i 6-7 minuter. Tillsätt yoghurt och vatten. Sjud i 40 minuter. Servera varm.

Gosht Korma

(Rik fårkött i sås)

Serverar 4

Ingredienser

3 matskedar vallmofrön

75 g/2½ oz cashewnötter

50g/1¾oz torkad kokosnöt

3 matskedar raffinerad vegetabilisk olja

1 stor lök, finhackad

2 matskedar ingefärspasta

2 matskedar vitlökspasta

675g/1½lb benfritt fårkött, i tärningar

200 g/7 oz yoghurt

10g/¼oz korianderblad, hackade

10g/¼oz myntablad, hackade

½ tsk garam masala

Tillsätt salt efter smak

1 liter/1¾ pint vatten

metod

- Torka vallmofrön, cashewnötter och kokos. Mal med tillräckligt med vatten för att göra en tjock pasta. Avsätta.
- Hetta upp oljan i en kastrull. Fräs lök, ingefära och vitlökspasta på medelvärme i 1-2 minuter.
- Tillsätt vallmofröpastan och resten av ingredienserna, förutom vattnet. Blanda väl och stek i 5-6 minuter.
- Lägg till vatten. Koka i 40 minuter, rör om ofta. Servera varm.

Erachi kotletter

(Mjuka fårkotletter)

Serverar 4

Ingredienser

750g/1lb 10oz fårkotletter

Tillsätt salt efter smak

1 tesked gurkmeja

1 liter/1¾ pint vatten

2 matskedar raffinerad vegetabilisk olja

1 tsk ingefärspasta

1 tsk vitlökspasta

3 stora lökar, skivade

5 gröna chili, skuren på längden

2 stora tomater, fint hackade

½ tsk mald koriander

1 matsked mald svartpeppar

1 matsked citronsaft

2 matskedar hackade korianderblad

metod

- Marinera fårkotletterna i salt och gurkmeja i 2-3 timmar.
- Koka köttet med vatten på låg värme i 40 minuter. Avsätta.
- Hetta upp oljan i en kastrull. Tillsätt ingefärspasta, vitlökspasta, lök och grön paprika och stek dem på medelvärme i 3-4 minuter.
- Tillsätt tomater, mald koriander och peppar. Blanda väl. Stek i 5-6 minuter. Tillsätt fårköttet och låt sjuda i 10 minuter.

- Garnera med citronsaft och korianderblad. Servera varm.

Helstekt köttfärs

Serverar 4

Ingredienser

3 matskedar raffinerad vegetabilisk olja

2 stora lökar fint hackade

6 vitlöksklyftor, fint hackade

600g/1lb 5oz fårkött, malet

2 tsk malen spiskummin

125 g/4½ oz tomatpuré

600g/1lb 5oz konserverade bönor

500 ml/16 fl oz fårköttsfond

½ tesked mald svartpeppar

Tillsätt salt efter smak

metod

- Hetta upp oljan i en kastrull. Tillsätt lök och vitlök. Stek på låg värme i 2-3 minuter. Tillsätt resterande ingredienser. Sjud i 30 minuter.
- Lägg över till en ugnssäker form och grädda i ugnen i 200°C (400°F, gasmark 6) i 25 minuter. Servera varm.

Kaleji Do Pyaaz

(Lever med lök)

Serverar 4

Ingredienser

4 matskedar ghee

3 stora lökar fint hackade

2,5 cm/1 tum ingefärsrot, finhackad

10 vitlöksklyftor, fint hackade

4 gröna chili, skuren på längden

1 tesked gurkmeja

3 tomater, fint hackade

750g/1lb 10oz lammlever, tärnad

2 teskedar garam masala

200 g/7 oz yoghurt

Tillsätt salt efter smak

250 ml/8 fl oz vatten

metod

- Hetta upp ghee i en kastrull. Tillsätt lök, ingefära, vitlök, grön chili och gurkmeja och fräs på medelvärme i 3-4 minuter. Tillsätt alla resterande ingredienser, utom vatten. Blanda väl. Stek i 7-8 minuter.
- Lägg till vatten. Koka i 30 minuter, rör om då och då. Servera varm.

Lamm med ben

Serverar 4

Ingredienser

30g/1oz myntablad, fint hackade

3 gröna chili, finhackad

12 vitlöksklyftor, fint hackade

Saften av 1 citron

675g/1½lb lammlår, skuren i 4 bitar

5 matskedar raffinerad vegetabilisk olja

Tillsätt salt efter smak

500 ml/16 fl oz vatten

1 stor lök finhackad

4 stora potatisar, tärnade

5 mindre auberginer, halverade

3 tomater, fint hackade

metod

- Mal myntabladen, grön chili och vitlök med tillräckligt med vatten för att göra en slät pasta. Tillsätt citronsaft och blanda väl.
- Marinera köttet i denna blandning i 30 minuter.
- Hetta upp oljan i en kastrull. Tillsätt marinerat kött och stek på låg värme i 8-10 minuter. Tillsätt salt och vatten och koka i 30 minuter.
- Tillsätt alla resterande ingredienser. Sjud i 15 minuter och servera varm.

Biff Vindaloo

(Goan biff curry)

Serverar 4

Ingredienser

3 stora lökar fint hackade

5 cm/2 i ingefärsrot

10 vitlöksklyftor

1 matsked spiskummin

½ matsked mald koriander

2 tsk röd chili

½ tesked bockhornsklöverfrön

½ tesked senapsfrön

60 ml/2 fl oz maltvinäger

Tillsätt salt efter smak

675 g/1½ lb benfritt nötkött, skuren i 2,5 cm/1 tum bitar

3 matskedar raffinerad vegetabilisk olja

1 liter/1¾ pint vatten

metod

- Mal alla ingredienser utom kött, olja och vatten till en tjock deg. Marinera köttet i denna pasta i 2 timmar.
- Hetta upp oljan i en kastrull. Tillsätt det marinerade köttet och låt sjuda på svag värme i 7-8 minuter. Lägg till vatten. Koka i 40 minuter, rör om då och då. Servera varm.

Biff curry

Serverar 4

Ingredienser

4 matskedar raffinerad vegetabilisk olja

3 stora lökar, rivna

1½ tsk mald spiskummin

1 tesked gurkmeja

1 tsk chilipulver

½ tesked mald svartpeppar

4 medelstora mosade tomater

675 g/1½ lb magert nötkött, skuren i 2,5 cm/1 tums bitar

Tillsätt salt efter smak

1½ teskedar torra bockhornsklöverblad

250ml/8fl oz individuella krämer

metod

- Hetta upp oljan i en kastrull. Tillsätt löken och fräs den på medelvärme tills den är gyllenbrun.
- Tillsätt resterande ingredienser, förutom bockhornsklöverbladen och grädden.
- Blanda väl och låt sjuda i 40 minuter. Tillsätt bockhornsklöverblad och grädde. Koka i 5 minuter och servera varm.

Fårkött med pumpa

Serverar 4

Ingredienser

750g/1lb 10oz fårkött, hackat

200 g/7 oz yoghurt

Tillsätt salt efter smak

2 stora lökar

2,5 cm/1 tum ingefärsrot

7 vitlöksklyftor

5 matskedar ghee

¾ tesked gurkmeja

1 tsk garam masala

2 lagerblad

750 ml/1¼ liter vatten

400g/14oz pumpa, kokt och mosad

metod

- Marinera fårköttet i yoghurt och salt i 1 timme.
- Mal löken, ingefäran och vitlöken med tillräckligt med vatten för att göra en tjock pasta. Hetta upp ghee i en kastrull. Tillsätt pastan tillsammans med gurkmeja och fräs i 3-4 minuter.
- Tillsätt garam masala, lagerblad och fårkött. Stek i 10 minuter.
- Tillsätt vatten och pumpa. Koka i 40 minuter och servera varm.

Gustaf

(Fårkött i Kashmiri)

Serverar 4

Ingredienser

675 g/1½ lb benfritt fårkött

6 baljor svart kardemumma

Tillsätt salt efter smak

4 matskedar ghee

4 stora lökar skurna i ringar

600g/1lb 5oz yoghurt

1 tsk malda fänkålsfrön

1 msk mald kanel

1 matsked mald kryddnejlika

1 matsked krossade myntablad

metod

- Slå fårköttet med kardemumma och salt tills det är mjukt. Dela i 12 bollar och ställ åt sidan.
- Hetta upp ghee i en kastrull. Fräs löken på låg värme tills den blir gyllenbrun. Tillsätt yoghurt och koka i 8-10 minuter under konstant omrörning.
- Tillsätt köttbullarna och alla övriga ingredienser utom myntabladen. Sjud i 40 minuter. Servera garnerad med myntablad.

Fårkött med en blandning av grönt och örter

Serverar 4

Ingredienser

5 matskedar raffinerad vegetabilisk olja

3 stora lökar fint hackade

750g/1lb 10oz fårkött, tärnad

50 g/1¾oz amarantblad*, finhackat

100g/3½oz spenatblad, fint hackade

50 g/1¾oz bockhornsklöver blad, hackade

50g/1¾oz dillblad, fint hackade

50g/1¾oz korianderblad, hackade

1 tsk ingefärspasta

1 tsk vitlökspasta

3 gröna chili, finhackad

1 tesked gurkmeja

2 tsk mald koriander

1 tsk malen spiskummin

Tillsätt salt efter smak

1 liter/1¾ pint vatten

metod

- Hetta upp oljan i en kastrull. Fräs löken på medelvärme tills den är gyllenbrun. Tillsätt resten av ingredienserna förutom vattnet. Sjud i 12 minuter.
- Lägg till vatten. Koka i 40 minuter och servera varm.

Citron lamm

Serverar 4

Ingredienser

750g/1lb 10oz lamm, hackad i 2,5 cm/1in bitar

2 tomater, fint hackade

4 gröna chili, finhackad

1 tsk ingefärspasta

1 tsk vitlökspasta

2 teskedar garam masala

125 g/4½ oz yoghurt

500 ml/16 fl oz vatten

Tillsätt salt efter smak

1 matsked raffinerad vegetabilisk olja

10 schalottenlök

3 matskedar citronsaft

metod

- Blanda lammet med alla övriga ingredienser, förutom olja, schalottenlök och citronsaft. Koka i en kastrull på medelvärme i 45 minuter. Avsätta.

- Hetta upp oljan i en kastrull. Stek den heta paprikan på låg värme i 5 minuter.
- Blanda med lammcurry och strö citronsaft över. Servera varm.

Pasanda av lamm med mandel

(Lammbitar med mandel i yoghurtsås)

Serverar 4

Ingredienser

120 ml/4 fl oz raffinerad vegetabilisk olja

4 stora lökar fint hackade

750g/1lb 10oz benfritt lamm, skuren i 5 cm/2in bitar

3 tomater, fint hackade

1 tsk ingefärspasta

1 tsk vitlökspasta

2 tsk malen spiskummin

1½ tsk garam masala

Tillsätt salt efter smak

200 g/7 oz grekisk yoghurt

750 ml/1¼ liter vatten

25 grovkrossade mandlar

metod

- Hetta upp oljan i en kastrull. Tillsätt lök och fräs på låg värme i 6 minuter. Tillsätt lammet och stek i 8-10 minuter. Tillsätt övriga ingredienser, förutom yoghurt, vatten och mandel. Sjud i 5-6 minuter.
- Tillsätt yoghurt, vatten och en halv mandel. Koka i 40 minuter, rör om ofta. Servera beströdd med resterande mandel.

Fläskkorv Chili Fry

Serverar 4

Ingredienser

2 matskedar olja

1 stor lök, skivad

400 g/14 oz fläskkorv

1 grön paprika, finhackad

1 potatis, kokt och hackad

½ tesked ingefärspasta

½ tesked vitlökspasta

½ tsk chilipulver

¼ tesked gurkmeja

10g/¼oz korianderblad, hackade

Tillsätt salt efter smak

4 matskedar vatten

metod

- Hetta upp oljan i en kastrull. Tillsätt lök och fräs en minut. Sänk värmen och tillsätt alla andra ingredienser utom vatten. Stek lätt i 10-15 minuter tills korvarna är kokta.
- Tillsätt vatten och koka på låg värme i 5 minuter. Servera varm.

Fårkött Shah Jahan

(Fårkött tillagat i rik Moghlaisås)

Serverar 4

Ingredienser

5-6 matskedar ghee

4 stora lökar, skivade

675 g/1½ lb fårkött, hackat

1 liter/1¾ pint vatten

Tillsätt salt efter smak

8-10 malda mandlar

För kryddblandningen:

8 vitlöksklyftor

2,5 cm/1 tum ingefärsrot

2 teskedar vallmofrön

50g/1¾oz korianderblad, hackade

5 cm/2 i kanel

4 kryddnejlika

metod

- Mal ingredienserna till kryddblandningen till en pasta. Avsätta.
- Hetta upp ghee i en kastrull. Fräs löken på låg värme tills den blir gyllenbrun.
- Tillsätt kryddblandningen. Stek i 5-6 minuter. Tillsätt fårköttet och låt sjuda i 18-20 minuter. Tillsätt vatten och salt. Sjud i 30 minuter.
- Garnera med mandel och servera varm.

www.ingramcontent.com/pod-product-compliance
Lightning Source LLC
Chambersburg PA
CBHW070419120526
44590CB00014B/1456